Suzanne Evans
Machiavelli für Mütter

PIPER

Zu diesem Buch

Suzanne Evans, vierfache Mutter, ist von Stress geplagt und völlig erschöpft, als ihr Machiavellis Schrift *Der Fürst* in die Hände fällt. Was andere für den Gipfel raffinierter Machtpolitik halten, erscheint ihr als die mögliche Lösung ihrer Probleme und so startet sie ein ungewöhnliches Experiment: Mit Hilfe von Machiavellis Maximen macht sie sich daran, die Herrschaft ihres persönlichen kleinen »Fürstentums« zurückzuerobern und ganz nebenbei für eine glückliche Ehe und zufriedene Kinder zu sorgen. Dabei gelingen ihr nicht nur beachtliche Siege an der heimischen Front im Kampf gegen Quengelei, Unordnung und Co., sie gewinnt auch unerwartete Einblicke in das menschliche Wesen.

Ein warmherziger Bericht über die Tücken der Elternschaft, die Verantwortung eines (Familien-)Fürsten und darüber, wie man sich mühelos die Liebe seiner Familie verdient.

Suzanne Evans arbeitete als Scheidungsanwältin und Sportreporterin, nachdem sie ihren Ph.D. in Geschichte an der UC Berkeley abgeschlossen hatte. Sie schreibt für New York Times, Los Angeles Times und Los Angeles Business Journal. Mit ihrem Mann und vier kleinen Kindern lebt sie in Kalifornien.

Suzanne Evans

Machiavelli für Mütter

Von der Kunst, das Familienchaos zu beherrschen

Aus dem Amerikanischen von Alexandra Baisch

Piper München Zürich

Mehr über unsere Autoren und Bücher:
www.piper.de

Der Piper Verlag dankt den Teilnehmern des Seminars Verlagsherstellung im Studiengang Buch- und Medienproduktion an der Hochschule für Technik, Wirtschaft und Kultur (HTWK) Leipzig für ihre kreativen Gestaltungsideen. Besonderer Dank gilt Stefanie Staat, Wilma Träger und Janine Lattich.

In Liebe für meine Kinder
Und in Dankbarkeit für Machiavelli, der mir geholfen hat, sie in den Griff zu bekommen

FSC
www.fsc.org
MIX
Papier aus verantwortungsvollen Quellen
FSC® C083411

Deutsche Erstausgabe
September 2014

Titel der Originalausgabe: »Machiavelli for Moms«, Touchstone, New York 2013

Umschlaggestaltung: semper smile, München
Umschlagabbildung: Roman Rvachov/Shutterstock (Highheel), Aaron Amat/Shutterstock (Chuck)
Satz: Fotosatz Amann, Memmingen
Gesetzt aus der Berling
Papier: Munken Print von Arctic Paper Munkedals AB, Schweden
Druck und Bindung: CPI books GmbH, Leck
Printed in Germany ISBN 978-3-492-30538-9

INHALTSVERZEICHNIS

ANHANG

Teil I
Das Experiment beginnt

Diese Geschichte entstand in einer chaotischen und krisengeschüttelten Zeit. Sie handelt davon, wie eine völlig erschöpfte und stressgeplagte Mutter die Strategien der Kriegsführung und Staatskunst anwendet, die Machiavelli in *Der Fürst* verordnet, um eine glückliche, wohlgesittete Familie um sich zu versammeln. Gleichzeitig verrät dieses Buch, wie man als Mutter dank Machiavellis Maximen entspannter und disziplinierter werden und die Dinge klarer sehen kann. Zumindest auf den ersten Blick ...

Kapitel 1
Der Fürst und das Versprechen: Oder was Machiavelli für Sie tun kann

Was, wenn ich Ihnen sagte, dass Ihre Kinder – ja genau, *Ihre* Kinder, die gerade auf den Betten herumhüpfen, Türen zuknallen, Müsli auf den Boden werfen und sich zanken, quengeln, kreischen, prügeln oder auf sonstige Weise versuchen, sich gegenseitig umzubringen – durchaus artig sein könnten?

Nicht nur »artig«, sondern wirklich und wahrhaftig folgsam und brav?

Und nicht nur das – was, wenn ihnen das sogar Spaß machen würde? Was, wenn Sie Ihre Zeit mit ihnen genießen könnten, anstatt sich durch die unzähligen, täglich auf Sie niederprasselnden Anforderungen als Elternteil chronisch erschöpft und geknechtet zu fühlen? Sie wissen genau, wovon ich spreche: von den unerbittlichen Forderungen, die an Sie gestellt werden – nach Zeit, Energie, Geld, Schlaf und Geduld. Von den Anforderungen an Ihre Karriere, Ihre Figur, Freundschaften und an andere Beziehungen, die Ihnen wichtig sind.

Was, wenn ich Ihnen sagte, dass es eine neue Herangehensweise gibt, einen neuen Masterplan, der Ihnen nicht nur zeigt, wie Sie als Elternteil an Einfluss gewinnen, sondern auch, wie

Sie diesen Einfluss beibehalten und nutzen können, um Ihren Kindern zu helfen:

- mehr Selbstsicherheit und Kontrolle über ihr Leben zu entwickeln … was Ihnen wiederum dabei hilft, glücklicher und entspannter zu sein,
- Ihren Anweisungen stets Folge zu leisten … ohne dass Sie ständig nörgeln müssen,
- den Wert von Geld und harter Arbeit schätzen zu lernen … was Ihnen hilft, Geld zu sparen,
- schlechte Gewohnheiten wie Widerworte und Fluchen abzulegen … und Sie dabei unterstützt, durchzugreifen,
- bereitwillig ihre Hausaufgaben zu machen … ohne dass Sie sie darum bitten müssen,
- mit Kreativität und Phantasie gegen Langeweile vorzugehen … ohne dass Sie stets ein Unterhaltungsprogramm liefern müssen,
- die Nächte tief und fest durchzuschlafen … während Sie Ihren Verstand, Ihr Sexualleben und Ihren inneren Frieden wiedererlangen.

Und noch etwas viel Verblüffenderes: Was, wenn ich Ihnen verspräche, dass sich Ihre Gedanken und Gefühle bezüglich der Kindererziehung langsam verändern werden, wenn Sie diesem Plan folgen?

- Sie werden sich selbstbewusster, energiegeladener, proaktiver und kompetenter fühlen.
- Sie werden Ihre Kinder mit weniger Kämpfen zu mehr Leistung anspornen können.
- Sie werden nicht länger in Tagträumen von einem Urlaub ganz ohne Kinder schwelgen, dafür Ihr glückliches Strahlen zurückgewinnen (und Sie könnten sogar die vielleicht schon panisch in Betracht gezogene Sterilisation noch etwas hinausschieben).

Ganz egal, ob Sie Hausfrau und Mutter (oder Vater) oder eine hoch engagierte Karrierefrau sind, die in irgendeinem Trott feststeckt und nach neuen Perspektiven sucht – dieses Vorhaben wird Sie inspirieren, Ihren Einfluss zurückzugewinnen ... und wieder selbst über Ihr Reich zu herrschen.

Ich war zunächst ebenfalls der Ansicht, das müsse ein Märchen sein. Bis ich die hier beschriebenen Konzepte ausprobiert habe, über die ich mehr oder weniger per Zufall in einem 500 Jahre alten Buch gestolpert bin. Ich entdeckte diese Ideen während einer Krise.

Nach außen mag es durchaus so gewirkt haben, als hätte ich alles, was sich eine Mutter nur wünschen kann. Meine Kinder waren gesund. Mein Mann war ein hart arbeitender, liebevoller und lustiger Mensch. Wir wohnten in einem schönen Haus inmitten einer Nachbarschaft, die ich sehr gerne mochte. Ich besaß sogar das Begehrteste und Wertvollste, was man sich als Eltern nur vorstellen kann: einen zuverlässigen Babysitter.

Und dennoch ... keiner benahm sich so, wie es sich gehört (abgesehen mal vom Babysitter), nicht einmal die Katze, die ganz plötzlich eine starke Abneigung gegenüber ihrem Katzenklo entwickelte. Mein Zuhause war nicht einfach nur eine einzige Katastrophe – es war ein regelrechtes Schlachtfeld. Und zwar von der Sorte, dass die Aufsichtsbeamten der Stadt – wären sie überraschend hier hereingeplatzt – zunächst hätten putzen müssen, ehe sie das Ganze schließlich für unbewohnbar erklärt hätten. Und so sehr ich meine Kinder auch schätze und liebe, so fühlte ich mich doch überfordert, erschöpft, ausgelaugt und trug jeden Tag – seit dem Einsetzen der letzten Wehen – dieselbe alte abgetragene, ausgeleierte Jogginghose.

Ich befand mich also gerade an einem Tiefpunkt in meinem Leben, als mir eine Ausgabe von Machiavellis *Der Fürst* in die Hände fiel. Die Lektüre dieses Textes hat mein ganzes Leben buchstäblich auf den Kopf gestellt. Das hört sich verrückt an, nicht wahr? Doch seine Ratschläge halfen mir, meine Beziehung zu meinen Kindern aus einem dynamischen, neuen Blickwinkel heraus zu betrachten. Statt meinen Einfluss als Elternteil abzutreten, forderte ich ihn zurück. Statt jeden Tag zu kämpfen, um irgendwie durchzukommen, übernahm ich wieder das Kommando über mein Leben. Statt meine Kinder darum zu bitten, zuvorkommend, höflich, respektvoll und freundlich zu sein, nicht unangenehm aufzufallen und damit aufzuhören, mit meinem teuren Lippenstift die Wände zu bemalen, verlangte ich es. Und je weiter ich las, umso deutlicher spürte ich meine Verwandlung von einer völlig überlasteten und drangsalierten modernen Mutter zu einer, die friedlicher, ruhiger und klarer war.

Das ist natürlich nicht über Nacht vonstattengegangen. Und selbstverständlich hat es auch den einen oder anderen Rückschlag gegeben (wie Sie noch erfahren werden). Letztendlich lief es darauf hinaus, dass ich mir viele von Machiavellis Ratschlägen zu Herzen genommen, ein paar einfach ignoriert und andere eher großzügig interpretiert habe. Doch während ich dieses Experiment recht unvorbereitet und planlos angegangen bin, so fand ich in *Der Fürst* dann tatsächlich ein paar grundsätzliche Wahrheiten, die mir geholfen haben, eine bessere Mutter zu werden. Und ich hoffe, Ihnen wird es genauso gehen.

Statt Sie allerdings nun dazu aufzufordern, Machiavellis Kultbuch selbst zu lesen (auch wenn ich Ihnen das durchaus empfehle – ganz im Ernst, es ist eine tolle Lektüre), gehe ich einen Schritt weiter: Ich zeige Ihnen, wie Sie seine Regeln anwenden können, um selbst eine glücklichere Familie zu bekommen. Kein Scherz. Bei derart ernsthaften Themen ist mir nicht nach Scherzen zumute. Und weil dieser Denkansatz bei mir sehr gut funktioniert hat, möchte ich Sie dazu ermutigen, ihn selbst auszuprobieren. Doch wenn Sie sich darauf einlassen, dann denken Sie an diesen Ratschlag: Haben Sie keine Angst vor Ihrem Einfluss als Elternteil. Nehmen Sie ihn an – und nutzen Sie ihn weise, konsequent und, vor allen Dingen, mit viel Liebe.

Viel Glück!

Kapitel 2

Mein machiavellischer Moment: Oder weshalb ich dieses Experiment überhaupt für eine gute Idee hielt

Es war in Südkalifornien zu Beginn des 21. Jahrhunderts, und ich befand mich mitten in einer heftigen Krise. Seit Kurzem zum zweiten Mal verheiratet, waren mein Ehemann Eric und ich mit unseren jeweiligen Kindern zusammengezogen und versuchten, als Familie zusammenzuwachsen. Von Anfang an war das ein schreckliches Chaos. Wir hatten nicht nur keine Grundregeln für unsere Familie aufgestellt, wir hatten noch nicht einmal Grundregeln für unsere Ehe etabliert.

Ich weiß. Tolles Vorhaben, oder? Und so sind irgendwie nahezu alle Haushaltspflichten ganz automatisch mir zugefallen (mir ist noch immer schleierhaft, wie es dazu kommen konnte). Dazu gehörten alle Einkäufe, das Kochen und Putzen, das Hinbringen zum und Abholen vom Kindergarten, alle Fahrgemeinschaften, das Baden, das Bezahlen der Rechnungen, Wäschemachen und Windelwechseln. Gleichzeitig bemühte ich mich, meine Doktorarbeit fertigzustellen, die ich als letzte Anforderung für meinen Doktortitel in Geschichte an der Universität von Berkeley benötigte, und ich hatte soeben einen anspruchsvollen neuen Vollzeitjob angefangen, bei dem ich von zu Hause aus juristische Schriftsätze verfasste.

Unterm Strich bedeutete das, dass ich tagelang drinnen in der Falle saß (sprich: eingesperrt war!), während meine vier kleinen, ungestümen Kinder mich mit ihrem beständigen Gezänk in den Wahnsinn trieben.

Oh, habe ich das noch nicht erwähnt? Vier Kinder. Alle unter acht Jahren.

Verstehen Sie mich jetzt nicht falsch: Ich liebe meine Kinder von ganzem Herzen und würde ihretwegen Dantes neun Kreise der Hölle durchschreiten – hin und zurück. Doch sie besitzen auch die unheimliche Fähigkeit, mich an den Rand des Wahnsinns zu treiben.

Mit sechs hat Teddy, meine älteste und eigenständigste Tochter, mich manchmal imitiert und ihre Geschwister angebrüllt, wenn sie von ihnen mit ihren dummen Kinderstreichen geärgert wurde. *»Hört auf, mir nachzulaufen! Lasst mich in Ruhe! Ich halte das nicht mehr aus!«*, tobte sie dann, während die anderen kicherten und versuchten, sich auf der Couch an sie zu kuscheln.

Erschwert wurde das Ganze dadurch, dass ich mir mit meinem Exmann Paul das Sorgerecht für Teddy teilte. Er hat nicht wieder geheiratet und hat keine anderen Kinder, was bedeutete, dass sie bei ihm in einem Maß ungeteilte Aufmerksamkeit und Liebe erfuhr, wie es bei mir niemals möglich war. Und jedes Mal, wenn sie bei ihm war, war sein friedliches, ordentliches Zuhause ihr kleines Königreich, in dem sie schalten und walten konnte, wie sie wollte, ohne auch nur andeutungsweise auf Umsturztendenzen oder Widerstand zu stoßen. Keiner schleicht sich dort in ihr Zimmer, um ihr geliebtes weißes Plüschkätzchen ohne Fell zu entwenden (mehr zu diesem Desaster später). Keiner durchwühlt ihren Rucksack und zerreißt ihre sorgfältig erledigten Hausaufgaben (auch zu dieser epischen Schlacht später mehr).

Das bringt mich direkt zu meiner damals dreieinhalbjährigen Tochter Katie. Katie hat das Down-Syndrom und ist die Fröhlichkeit in Person. Sie kann aber auch ganz schrecklich dickköpfig und trotzig sein. Hinsichtlich Originalität, Konzept, Ausführung und schierer kreativer Zerstörungswut ist ihr Trotz in vielerlei Hinsicht tatsächlich beeindruckend. Und hätte sie an einem Wettkampf mit dem Ziel teilgenommen, Mütter in den Wahnsinn zu treiben, dann hätte sie von mir eine Eins mit Stern bekommen. Sie ist gewissermaßen eine Goldmedaillengewinnerin in Ungehorsam.

Katie ist außerdem eine erprobte Ausreißerin (auch hierzu später mehr). Sobald ich sie aus den Augen ließ, und sei es nur für eine zweiminütige Dusche oder um mal eben mein Handy zu suchen, das sie ausgeschaltet und irgendwo zwischen den Sofakissen versteckt hatte, schritt sie listig zur Tat und fand etwas noch Raffinierteres und Durchtriebeneres, was sie anstellen konnte.

Ihr zuverlässiger Mitverschwörer war dabei ihr jüngerer Bruder Trevor, der mitten in einer Trotzphase steckte und dazu neigte, einen welterschütternden Wutanfall zu bekommen, wann immer es unserer Katze Lucky gelang, sich seinem Griff zu entwinden (oder gerne auch dann, wenn er nicht genau *das* bekam, was er wollte, und zwar genau *dann*, wann er wollte).

Darüber hinaus wollte mein siebenjähriger Stiefsohn Daniel nichts mit mir zu tun haben. Sobald Eric einen Moment aus seinem Blickfeld verschwand, rannte er in einer fieberhaften Panik durchs Haus und schrie: »Dad! ... Dad!! ... DAD!!! ... DAAAD!!! ... DAAAD!!! ... DAAAAAD!!!!« Dann kam er von seiner Suche zurück, schaute mich an und fragte ganz ruhig: »Weißt du, wo mein Dad ist?« Woraufhin ich für gewöhnlich mit den Schultern zuckte und etwas murmelte wie: »Das weiß ich nicht, aber ich weiß, dass er nicht hier in der Waschküche ist.«

»Ich bin eine schreckliche Mutter«, murmelte ich vor mich hin, als ich mal wieder eine Windel wechselte und von dem Tag träumte, an dem sie alle bestens im College aufgehoben sein würden. Gleich darauf fühlte ich mich schuldig, weil ich mir damit wünschte, ihre Kindheit wäre zu Ende.

Doch nach wie vor bestand mein verzweifeltes Bestreben darin, sie in weniger lästige Kreaturen zu verwandeln, damit ich wegen ihrer ständigen Streiterei nicht auch noch irgendwann zur Flasche griff, wenn sie schließlich das letzte Quäntchen Energie aus mir herausgesaugt hatten.

Wie Millionen anderer moderner Mütter ignorierte ich also jahrhundertealte weise Ratschläge und versuchte, meine Kinder zu ändern – indem ich schrie, nörgelte oder sie ignorierte. Was natürlich nur dazu führte, dass sich ihr Verhalten verschlimmerte. Sie stritten sich noch lauter, knallten die Türen heftiger zu und ließen häufiger benutzte Gläser und dreckiges Geschirr auf dem Tisch stehen.

Eines Abends, nachdem ich das Geschirr gespült und die Kinder ins Bett gebracht hatte, sprach ich mit meinem Mann über die beklemmend isolierende Tyrannei der Mutterschaft. Er konnte nicht nachvollziehen, weshalb ich mich beschwerte, sagte, für ihn höre es sich »wunderbar« an, den ganzen Tag zu Hause sein zu können – ha!

»Warum gehst du mit den Kindern nicht in den Park, wenn du zu Hause fast verrückt wirst?«, schlug er an einem kalten, regnerischen Abend hilfsbereit vor.

»In den Park?«, erwiderte ich scharf. »Warum gehst *du* nicht mit ihnen in den Park?«

Nach einem hitzigen Schlagabtausch zog sich Eric fluchtartig in unser Schlafzimmer zurück und schaltete den Fernseher ein, wohingegen ich in mein Büro rauschte. Ich war zu erschöpft, um zu arbeiten, saß an meinem Schreibtisch und starrte auf das staubige Regal voller Bücher. Es brach unter der Last von unzähligen Bänden über Geschichte, Literatur und Philosophie fast zusammen, die unsortiert übereinandergestapelt waren.

Sogar mein Bücherregal ist ein einziges Chaos, dachte ich.

Und als ich anfing, es zu ordnen, sprang mir eine Ausgabe von *Der Fürst* ins Auge. Sie erinnern sich doch an *Der Fürst*? Womöglich haben Sie das Buch wie ich in der Schule oder während des Studiums gelesen? Oder vielleicht vergammelt es ja auch auf einem staubigen, alten Regal in Ihrem Keller oder Ihrem Büro. In den letzten Jahren war mein Blick vermutlich tausend Mal über das Bücherregal geglitten, doch erst jetzt fiel mir das Buch auf.

Ich zog es aus dem Regal und betrachtete das Cover – ein Porträt von Niccolò Machiavelli in elegantem Amtsgewand. Sein intelligenter, entschlossener Blick war demütig auf mich gerichtet, seine schmalen Lippen umspielte ein wissendes Lächeln, seine Haltung war ruhig, entspannt, kraftvoll und selbstsicher – alles das, was ich zu diesem Zeitpunkt in meinem Leben nicht war.

Fasziniert starrte ich einen Moment auf das ansprechende Antlitz, dann schlug ich das Buch auf und fing an zu lesen. Ich hatte eine ungefähre Vorstellung von Machiavelli – schlussendlich stand sein Name für Doppelzüngigkeit, Betrug und durchtriebene Machtanwendung. Außerdem kannte ich seinen berühmtesten Ausspruch: »Der Zweck heiligt die Mittel.«

Doch was genau wollte er eigentlich damit sagen?, fragte ich mich.

Ich war mir nicht sicher. Und da ich noch immer zu überspannt und wütend war, um ins Bett zu gehen, beschloss ich, Machiavellis dünne Ausgabe hier und jetzt zu überfliegen. Und je länger ich las, umso mehr verschwand meine Müdigkeit und umso aufgeregter wurde ich, denn schon bald war mir klar, dass dieser Machiavelli seit über 500 Jahren ungerechtfertigt in der Kritik stand. Tatsächlich glauben manche Gelehrte, dass er diesen berüchtigten Satz, der Zweck heilige die Mittel, niemals so gesagt habe – und selbst wenn, dass sein »Zweck« nicht in dem Erlangen von Macht um der Macht willen liege. Tatsächlich bestehe sein Ziel darin, Macht zu erlangen und zu schützen, um so die Sicherheit und Beständigkeit eines Staates zu garantieren. Und diese Beständigkeit helfe ihm dabei, die Zufriedenheit und das Wohlbefinden seiner Staatsbürger sicherzustellen.

Hmm, dachte ich, *ein krisenfestes, sicheres Zuhause? Voll glücklicher, zufriedener Familienmitglieder?* Das hörte sich nach einem verdammt guten Plan an, wie ich fand – sowohl für einen Fürsten als auch für ein Elternteil. Und das war der Moment, in dem es mich packte. Vielleicht konnte ich ja Machiavellis Regeln anwenden, um mir mein Reich zurückzuerobern und meine Kinder dazu zu bringen, artiger zu sein?

Es stellte sich heraus, dass Machiavelli mit der Niederschrift von *Der Fürst* just in dem Moment begann, als er sich in einer Krise ähnlich der meinen befand (okay, das ist jetzt vielleicht eine leichte Übertreibung). Aber wir waren beide an einem aufreibenden, entscheidenden Punkt in unserem Leben angelangt. Für Machiavelli war das 1513 in Florenz, Italien. Kurz zuvor aus seinem Amt als hochrangiger Diplomat in der Florentinischen Republik entlassen, hatte man ihn zu Unrecht festgenommen, eingesperrt und ihn wegen seiner vermeintlichen Beteiligung an einer Verschwörung gegen Kardinal Giuliano de' Medici wiederholt gefoltert.

Nach seiner Freilassung wurde alles nur noch schlimmer. Nicht nur war die Republik, der er seit 14 Jahren treu ergeben diente, unter die Herrschaft von Tyrannen gefallen, man hatte ihn auch vom Staatsdienst ausgeschlossen (der einzige Beruf, den er kannte), ihn aus seinem geliebten Florenz verbannt (der Stadt, die er mehr liebte als die eigene Seele, wie er einst zugab), und – was vermutlich die aufwühlendste Veränderung war – er war mit seiner Frau und seinen sechs ungestümen, kleinen Kindern aufs toskanische Land ins Exil geschickt worden.

Na gut, vielleicht waren seine Probleme wirklich etwas schwerwiegender als meine. Doch beide empfanden wir ein gewisses Selbstmitleid und eine Verzweiflung, was unser irdisches Schicksal betraf. Was also tat Machiavelli? Er suhlte sich eine Zeit lang in seiner Misere und plante dann seine Rückkehr ins öffentliche Leben. Er hatte Mühe, seine junge Familie zu unterstützen, brannte vor unerfülltem Ehrgeiz und war zu Tode gelangweilt, also schluckte er seinen Stolz hinunter und schrieb eine kleine Einführung in die Politik – »mein Werkchen«, wie er es herablassend nannte – in der Hoffnung, so die Gunst der Medicis zu erlangen und einen neuen Regierungsposten zu erhalten. Machiavellis Krise brachte also *Der Fürst* hervor, die revolutionärste und zugleich geschmähteste politische Abhandlung aller Zeiten.

Hatte Mühe, seine junge Familie zu unterstützen? Frustriert und gelangweilt? Kommt mir irgendwie bekannt vor, dachte ich. Und als ich dann an diesem Abend *Der Fürst* fertiggelesen hatte, war ich so begeistert, dass ich ein kleines Experiment wagen wollte. Warum sollte ich nicht versuchen, Machiavellis Regeln auf mein Leben als Mutter anzuwenden?

Das hört sich merkwürdig an, ich weiß. Im Kern ist *Der Fürst* jedoch mehr als reine Theorie. Tatsächlich thematisiert er eine konkrete politische Krise, die Machiavelli selbst miterlebt hatte – die Zerrissenheit und der Ruin Italiens –, und sollte als praktisches Handbuch dienen. Ein prägnanter, scharfsichtiger und kompromissloser Handlungsaufruf an den gerissenen und skrupellosen neuen Herrscher, einen starken, gefestigteren Staat zu schaffen – einen, der den gemeinsamen Interessen und Bestrebungen der Menschen in ihrem Drang nach Macht, Ruhm und Wohlstand diente.

Während ich darüber nachdachte, wurde mir klar, dass sein Konzept wunderbar auf mein Leben angewendet werden konnte. Denn wenn ich »Zerrissenheit und Ruin Italiens« mit »Zerrissenheit und Ruin meiner Familie« und den »Fürsten« durch das »Elternteil« ersetzte, dann wurde mir klar, dass Machiavellis kleiner Leitfaden zur Politik ebenso als Manifest für Eltern genutzt werden konnte – als Appell an mich, eine stärkere, gefestigtere Familie zu schaffen und darauf hinzuarbeiten, den Ansprüchen und dem Wohl meiner Kinder gerecht zu werden – mit ein paar neuen Inline-Skates, Computer-Spielen und Stofftieren als Zugabe.

Ja, ich suchte verzweifelt nach Führung. Doch ganz ehrlich, nur sehr wenige der Erziehungsratgeber, die ich in den letzten Jahren gelesen hatte, konnten mir tatsächlich weiterhelfen. Ich wüsste von keinen familiären Bindungen nach China, die mich wie Amy Chua zur »Mutter des Erfolgs« prädestinierten. Ich habe keine konkreten Pläne, nach Frankreich umzusiedeln, um es Pamela Druckerman gleichzutun. Und trotz Dr. Benjamin Spocks freundlicher, wenngleich antiquierter Versicherung, »wir [als Eltern] wissen mehr, als wir uns selbst zutrauen«, war mir doch nur eines klar, nämlich dass ich nicht viel wusste. Mal abgesehen davon, dass ich mir als Mutter völlig ausgelaugt und unfähig vorkam. Noch schlimmer, ich genoss die Zeit nicht, die ich mit meinen Kindern zusammen war – ich brachte sie nur irgendwie hinter mich.

Und vielleicht hat mich Machiavellis Manifest über Machtpolitik – und im erweiterten Sinn über Elternschaft – aus diesem Grund auf so merkwürdige, überraschende Weise angesprochen. Vielleicht half mir dieses machiavellische Gedankenspiel nach fast einem Jahrzehnt des täglichen Windelwechselns auch dabei, geistig nicht völlig zu versauern. Mit ein bisschen Phantasie (und eventuell auch einem spätabendlichen Glas Wein zu viel) entdeckte ich Parallelen zwischen dem florentinischen Fürsten im 16. und dem Mutterdasein im 21. Jahrhundert. Und ich war ziemlich schnell davon überzeugt, dass dieselben Strategien der Kriegs- und Staatskunst, die Machiavelli verordnete, auch bei meinen Kindern angewandt werden konnten.

Nachgiebig und nett zu sein funktionierte nicht. Betteln, Nörgeln, Drängen oder auch höfliches Bitten funktionierte nicht. Aber vielleicht würde eine pragmatische, sture und machiavellische Strategie ja zum Erfolg führen! So lautete zumindest meine Theorie, als ich mich daranmachte, mich aus den Fesseln des elterlichen Elends zu befreien und zu einer versierten Mutter zu werden, die sich Machiavelli verschrieben hatte. Und wie Sie sehen werden, hatte dieses kleine Experiment, dieses riskante Familienabenteuer seine Hochs ... und seine Tiefs.

Kapitel 3

Es ist von Nachteil, zu freigebig zu sein: Ein guter Herrscher weist Grenzen auf

Als ich *Der Fürst* las, stellte ich zunächst fest, wie düster und pessimistisch Machiavellis Sicht auf die menschliche Natur war. So merkt er an, dass Menschen für gewöhnlich wankelmütig, heuchlerisch, habgierig und hinterlistig sind und man ihre Loyalität gewinnen oder verlieren kann. Um sich vor wechselnden Loyalitäten zu schützen, muss sich der Fürst, gemäß Machiavelli, einen guten Ruf bezüglich seiner Großzügigkeit und Güte zulegen. Er warnt den Fürsten jedoch davor, allzu freigebig zu sein, da er so die Wertschätzung des Volkes verlieren und die Habgier seiner Untertanen nur weiter fördern würde.

Dasselbe gilt für meine Kinder. Wie alle Mütter kämpfte ich darum, all ihre Bedürfnisse zu befriedigen und ihren Ansprüchen gerecht zu werden. Nach der Lektüre von *Der Fürst* wurde mir jedoch klar, dass sie, je mehr materielle Dinge sie von mir bekamen, auch umso mehr erwarteten und sich umso weniger dankbar dafür zeigten. Wenn ich Daniel eine Kugel Eis gab, verlangte er nach zwei. Wenn ich je drei Chicken Nuggets für Trevor und Katie zubereitete, dann wollten sie fünf. Und wenn ich Teddy ein neues Spielzeug kaufte, dann schnappte sie es sich, ohne sich dafür zu bedanken. Und kaum hatte sie acht Sekunden lang damit gespielt, warf sie es auch schon in die Ecke und quengelte: »Wo ist *Daddy*? Mit ihm ist es lustiger als mit *dir*!«

Kostbare Momente wie diese machten mir klar, dass Machiavellis Maxime, »es ist nachteilig für einen Fürsten, freigebig zu sein«, in dieser zunehmend materialistischen Welt, in der wir leben, von großer Bedeutung ist – eine Welt, in der jedes Jahr Milliarden an Werbegeldern in dem fieberhaften Bestreben ausgegeben werden, unsere ansonsten so süßen, unschuldigen Kinder dazu zu bringen, den neuesten technologischen Schnickschnack und die neuesten Spiele nicht nur haben zu wollen, sondern ganz *versessen darauf* zu sein. Spiele, so könnte ich hinzufügen, die nahezu sofort überholt sind und umgehend durch tausend, wenn nicht Millionen neue, »hippere« und geradezu irrwitzig teure ersetzt werden.

Der einzige Weg aus dieser Falle, aus diesem unbarmherzigen und scheinbar nicht enden wollenden Schuldgefühl, war, so dachte ich, Machiavelli nachzueifern und den Geldhahn etwas zuzudrehen. Begeistert von dieser Idee beschloss ich, Machiavellis Ratschlag sofort auf meine nichtsahnenden jungen Untertanen anzuwenden, als sie mich eines Tages ins Einkaufszentrum begleiteten.

Bei derartigen Ausflügen warfen meine kleinen Engel begierig DVDs und Puppen in unseren Einkaufswagen, ohne überhaupt zu fragen oder sich Gedanken darüber zu machen. Und wenn ich dann – natürlich – darauf bestand, dass sie ihre Beute wieder zurückbrachten, folgte unverzüglich, und wie vorherzusehen war, großes Geschrei.

So nicht mehr!, dachte ich. Und mit Machiavellis Maxime im Hinterkopf, sich gedanklich strenge Grenzen aufzuzeigen, setzte ich meinen Plan in die Tat um. Statt darauf zu warten, dass das übliche Spielchen losging, hielt ich die Kinder am Eingang vorausschauend zurück und reichte jedem von ihnen zehn Dollar.

»Was ist das?«, fragte Teddy argwöhnisch.

»Das sind zehn Dollar«, gab ich zurück.

»Das weiß ich«, erwiderte sie. »Aber wofür?«

»Das dürft ihr heute ausgeben«, erklärte ich ruhig. »Aber das ist alles, was ihr bekommt, also geht sorgfältig damit um.«

Sie wurde einen Moment ganz still, faltete den Schein dann akkurat zusammen und steckte ihn in ihre Hosentasche.

»Wie sagt man?«, wollte ich freundlich, aber bestimmt wissen.

»Häh?«, murmelte sie.

»Wie sagt man?«, wiederholte ich.

Mit einem merkwürdigen Ausdruck blickte sich mich an, lächelte dann und sagte: »Danke, Mom.«

»Gern geschehen!«

Im Laden nahm meine Truppe den Preis von jedem Artikel, der ihnen gefiel, sorgfältig unter die Lupe, ehe eine wohlüberlegte Entscheidung gefällt wurde.

»*Was*?? 29 Dollar?!«, begehrte Teddy auf, als sie den Preis eines Justin-Bieber-Rucksacks inspizierte.

Ich sah sie nur an und erwiderte nichts darauf.

»Also, das ist ja lachhaft«, nuschelte sie empört, als sie den Rucksack wieder ins Regal stellte. »So viel ist der gar nicht wert!«

Ich lächelte nur, als wir weitergingen.

Und das ist das Beste an dem Ganzen: Unsere Einkaufstour verlief sehr viel entspannter, die Kinder waren verständnisvoller, und ich sparte viel Geld. Mindestens genauso wichtig war, dass sie den Wert von Geld schätzen lernten, als sie sahen, wie viel die Dinge kosteten – und all das nur deshalb, weil ich einen Erziehungsratschlag von Machiavelli berücksichtigte!

Und während ein merkwürdiges Glücksgefühl in mir aufstieg, dachte ich: *Hypothese geprüft und als richtig bestätigt. Mehr davon!*

Das war ein kleiner Sieg. Doch er erfüllte mich mit Zuversicht. Im Laufe der nächsten Wochen und Monate richtete ich mich immer mehr nach Machiavelli, wenn ich vor einem erziehungstechnischen Dilemma stand. Und das Verrückte daran: Es funktionierte. Doch auch dann, als meine Kinder anfingen, sich angesichts der machiavellischen Regeln anständiger zu benehmen, und mein Stresspegel deutlich sank, blieb ein Teil von mir skeptisch. Wollte ich tatsächlich Erziehungsratschläge von jemandem einholen, dessen Name mit moralisch fraglichem, eigennützigem Verhalten gleichzusetzen ist? Erscheinen seine Regeln nicht, nun ja, etwas rigide? Und konnten meine Kinder wirklich glücklich werden, wenn sie von einer tyrannischen Mutter herumkommandiert wurden?

Letzten Endes war meine Verzweiflung größer als meine Skepsis, und ich setzte Machiavellis Vorschläge um, benutzte seinen Ratgeber für die Staatskunst als Leitfaden, um meine Familie zu erziehen. Meine Vorgehensweise: Ich wendete seine Regeln sorgfältig an, eine nach der anderen, und betrachtete die Ergebnisse.

Und auch wenn Sie vielleicht finden, dass es hinterhältig und intrigant klingt, Machiavelli einzusetzen, damit sich die Kinder besser benehmen, so habe ich im Verlauf dieser erhellenden, in den Wahnsinn treibenden und schlussendlich (so denke ich zumindest) erfolgreichen Reise doch eines gelernt: Man kann seine Kinder mit weniger Auseinandersetzungen zu mehr anspornen, wenn man sie sanft beeinflusst, damit sie das tun, was man von ihnen erwartet (und sie in dem Glauben lässt, es wäre ihre Idee gewesen).

Und wenn das stimmt, dann heiligt der Zweck auch wirklich die Mittel, insbesondere wenn der »Zweck« darin besteht, eine glückliche, konfliktfreie Familie zu haben – und eine glückliche, stressfreie Mutter, oder etwa nicht? Das Experiment war im Begriff, nun so richtig loszugehen. Doch binnen Kurzem liefen die Dinge gar nicht mehr schön rund, sondern die Realität brach über uns herein.

Kapitel 4
Die beiden wesentlichen Grundfesten einer jeden Familie sind solide Regeln und konsequente, disziplinierende Maßnahmen: Vorschriften aufstellen

»Die hauptsächlichste Stütze aller Staaten«, so verkündet Machiavelli, »sind gute Gesetze und tüchtiges Wehrwesen.« Sinngemäß argumentierte ich, dass die beiden wichtigsten Grundfesten einer jeden Familie solide *Regeln* und konsequente, *erzieherische* Maßnahmen waren.

Ja!, dachte ich. *Genau das braucht meine Familie – eindeutige Regeln und strikte Disziplin, um diese durchzusetzen.*

Als Erstes: die Regeln. Eines Morgens, kurz nachdem ich meinen machiavellischen Plan ausgeheckt hatte, erzählte ich meinen Kindern beim Frühstück, dass ich an diesem Abend unsere erste »Familiensitzung« einberufen würde, um ein paar neue Familienregeln aufzustellen. Ich wusste, dass eine moralphilosophische Rede zu Machiavelli sie nicht überzeugen würde. Um sie also mit ins Boot zu holen, erzählte ich ihnen einfach nur, dass ihr Vater und ich, als Oberhäupter der Familie, grundlegende Regeln aufstellen würden. Diese wären unumstößlich, und wir würden sie entschieden durchsetzen. Die gute Neuigkeit sei jedoch, dass die Kinder selbst auch Regeln aufstellen könnten.

Nach dieser Ankündigung sahen sie mich mit großen Augen an … und kurz darauf ging das Gezanke und Gejammere erneut los, als hätte ich überhaupt nichts gesagt.

»Ich *will* keine Waffeln«, schmollte Teddy. »Ich *will* Pancakes!«

»Wir haben keine Pancakes«, sagte ich.

»Oh doch, haben wir«, entgegnete sie und holte eine Schachtel Pancakes aus dem Schrank.

Ich seufzte, als ich zum Backblech griff, packte dann zwei Blätterteigtaschen in Brotdosen, woraufhin Daniel eine Schnute zog und murmelte: »Bei meiner Mom darf ich mir mittags immer was zu essen kaufen.«

Eric nickte und griff in seine Hosentasche, was Teddy dazu veranlasste zu sagen: »Ich will keine Teigtaschen. Kann ich stattdessen Pizzataschen haben? Aber mit Wurst, nicht mit Gemü…«

»Nein!«, brüllte ich. *»Schluss jetzt! Alle zusammen!«*

Alle erstarrten. Endlich hörten sie mir zu.

»Okay«, fuhr ich ruhiger fort. »Wir haben heute Abend unsere erste Sitzung …«

»Mom!«, kreischte Teddy. »Katie malt mit deinem Lippenstift an die Wand!«

»Katie!«, tobte ich. In dem Moment verschüttete Trevor seine Milch und fing an zu weinen.

Ich griff nach dem Schwamm, seufzte und sagte ermattet: »… um Punkt sieben Uhr.«

Ja, wir hatten einen etwas holperigen Anfang. Aber das war ja zu erwarten. Ich blieb standhaft, und als wir uns an diesem Abend um den Esstisch versammelten, brachte ich eine weiße Wandtafel und einen schwarzen Edding mit.

»Okay«, fing ich an. »Ich schreibe hier alle Regeln auf, damit ihr genau wisst, wie sie lauten, und es einfacher wird, sie zu befolgen. Seid ihr bereit?«

»Ja«, sagte Teddy und zuckte gleichzeitig mit den Schultern, während ihre Geschwister aufgeregt nickten.

»Sehr gut!«, erwiderte ich.

Wie die meisten Eltern wollte ich, dass meine Kinder ehrlich waren. Und auch wenn Machiavelli rät, dass ein Herrscher gerissen sein muss, wenn das seinem Vorteil dient (mehr dazu später), so habe ich trotz seines schlechten Rufs in Erfahrung gebracht, dass er tatsächlich ein sehr ehrlicher und redlicher Kerl war. Und obwohl er ein paar große Schwächen hatte (wie wir alle), war er doch ein liebender Vater, treuer Freund und exzellenter Beobachter des menschlichen Verhaltens. Er äußerte sich zu allem, was er sah – der Grausamkeit, der Brutalität, den Lügen und dem Betrug –, und scheute sich nicht davor, die Dinge beim Namen zu nennen.

Mit diesem Vorbild und weil ich eine Befürworterin der Wahrheit bin, lautete die erste Familienregel, die ich entschieden festlegte: »NICHT LÜGEN.«

»Jeder weiß, was das bedeutet, oder?«, fragte ich, als ich die Regel an die Tafel schrieb.

Weiteres Nicken.

»Perfekt! Dann werdet ihr also alle immer ehrlich sein, und keiner lügt mehr, ja?«

»Ja«, antworteten sie ruhig.

Auf meiner Liste der gröbsten Vergehen von Kindern kommt als Nächstes Respektlosigkeit. Und auch wenn Machiavelli ganz bestimmt keine kleinen Kinder im Kopf hatte, als er *Der Fürst* verfasste, so hebt er in seinem Buch doch ausdrücklich hervor, dass ein Herrscher sich den Respekt seines Volkes bewahren muss. Gerüstet mit diesem Ratschlag schrieb ich »KEINE FRECHEN ANTWORTEN« als zweite Regel auf die Liste.

»Wisst ihr, warum das so wichtig ist?«, fragte Eric.

Darauf folgte eine lange, wissende Stille.

»Weil freche Antworten schlecht sind«, schlug Daniel schließlich vor.

»Genau!«, sagte ich. »Aber *warum* ist es schlecht?«

»Weil es ... nicht respektvoll ist«, vermutete Teddy.

»Richtig!«, erwiderte ich aufgeregt. »Das stimmt!«

Und während sich ein stolzes Lächeln in ihrem Gesicht abzeichnete, erinnerte ich mich an Machiavellis Maxime, dass derjenige, »der möchte, dass man ihm gehorcht, wissen muss, wie man befiehlt«. Als nächste Regel hielt ich also fest: »IHR SOLLT IMMER ZUHÖREN UND GEHORCHEN.«

»Alles verstanden?«, fragte ich, wobei mein Blick über die süßen, unschuldigen Gesichter meiner Engel schweifte.

»Alles verstanden«, seufzten sie.

»Sehr schön!«, rief ich. Dann legte ich noch ein paar weitere Regeln fest, wie zum Beispiel kein Nörgeln, Jammern, Herumkreischen, Streiten und auch kein ungefragtes Wegnehmen von Sachen, die anderen gehörten.

Nachdem diese Grundregeln etabliert waren, war ich für weitere Vorschläge offen. Das war ein wichtiger Teil meines Plans – vielleicht der allerwichtigste –, denn ich wusste, dass ich meine Kinder mit weniger Widerstand zu mehr würde bewegen können, wenn sie glaubten, diese Regeln wären zum Teil ihre Idee. Warum? Weil sie dieses Projekt dann in gewisser Weise als ihr eigenes betrachten würden – und vermutlich sogar stolz darauf wären –, da sie wussten, dass sie dabei geholfen hatten, es umzusetzen. Mit anderen Worten, wenn die Kinder glauben, sie wären diejenigen, die die Regeln aufstellen, dann ist es auch wahrscheinlicher, dass sie sich daran halten.

»Was noch?«, fragte ich und sah Teddy an.

»Kein Türenzuschlagen mehr?«, bot sie verhalten an.

»Ausgezeichnet! Daniel?«

»Kein Klauen«, sagte er.

»Ja! Was noch?«

»Kein Ballspielen im Haus!«, brüllte Teddy.

»Kein Herumbrüllen im Haus!«, konterte Daniel.

»Beim Handball nicht Schummeln.«

»Kein Petzen!«

»Ja, genau!«, sagte ich. »Seht ihr? Macht das nicht Spaß?!«

Sie nickten und machten noch weitere Vorschläge, wetteiferten miteinander, um herauszufinden, wer mit mehr Regeln aufwarten konnte.

Als ihnen nichts mehr einfiel, war es an der Zeit, meine erzieherischen Maßnahmen zu etablieren. Also wollte ich von ihnen wissen, was in ihren Augen eine faire Bestrafung wäre, sollten sie eine der Regeln brechen. Ich hatte mich von Machiavellis Ermahnung inspirieren lassen, dass ein Führer sich der Unterstützung seiner Untertanen zu vergewissern habe, also bat ich meine Kinder, mir dabei zu helfen, eine Liste der Konsequenzen für Verstöße bei jeder Regel zu erstellen.

»Was soll denn passieren, wenn jemand ohne zu fragen die Sachen von einem anderen wegnimmt?«

»Dann bekommt man Zimmerarrest!«, sagte Teddy entschieden.

»Okay, und wie lange?«

»Ähm ... zehn Minuten«, sagte sie.

»Wie wäre es mit 30?«, schlug ich vor.

»Na gut«, stimmte sie seufzend zu, wirkte dabei aber leicht erschrocken.

Als Nächstes wandte ich mich an Daniel, der die schlechte Angewohnheit hatte, seine Zimmertür zuzuknallen, wann immer er frustriert oder genervt war. Er wusste, dass er das nicht tun sollte, doch abgesehen von einer kurzen Standpauke durch seinen Vater wurde er weiter nicht bestraft.

Machiavellis Maxime im Hinterkopf, dass ein Herrscher Übeltäter umgehend und streng bestrafen sollte, schlug ich also Folgendes vor: Wenn er seine Tür noch einmal zuknallte, würden wir sie sofort aushängen und für ein Jahr in der Garage verstauen.

»Hört sich das gerecht an?«, wollte ich wissen.

Daniel nickte und lachte. Mir ist nicht ganz klar, warum er lachte, denn ich habe nicht nachgefragt. Doch ich gehe davon aus, dass er deshalb lachte, weil ihm die Bestrafung übertrieben und deswegen albern vorkam, und weil er letzten Endes erleichtert war, in dieser merkwürdigen, neuen Welt, zu der er jetzt gehörte, Grenzen aufgezeigt zu bekommen.

Und genau darin besteht die machiavellische Logik, strenge Regeln und feste erzieherische Maßnahmen bei uns zu Hause zu etablieren: Nicht nur stärkt es Eric und mich als Eltern, es stärkt auch unsere Kinder und hilft ihnen, mehr Selbstsicherheit zu entwickeln sowie das Gefühl, selbst über ihr Leben bestimmen zu können.

»Wenn ich niemals X mache«, so schlussfolgern sie, »dann machen Mommy und Daddy niemals Y.«

Doch was passiert, wenn unsere Kinder X machen (was auch immer X sein mag), so wie alle Kinder das unausweichlich tun? Hierzu fiel mir ein, dass sich Machiavelli in *Der Fürst* folgender Frage widmet: »Wie kann ein Herrscher die Kontrolle über seinen Staat bewahren?« Er antwortet, ein erfolgreicher Fürst sei jemand, der es mit jedem Feind auf dem Schlachtfeld aufnehme und sich mit eigenen Waffen verteidige.

Na gut, im ersten Moment klingt diese Ausdrucksweise vielleicht etwas harsch. Doch genau darin liegt der Schlüssel: Indem ich diese Regeln auf mein Leben übertrug, verstand ich den »Feind«, den ich auf dem Schlachtfeld antraf, nicht als meine Kinder, sondern vielmehr als ein unerwünschtes Verhalten, das sie hin und wieder an den Tag legten – und als meine »Waffen« erachtete ich die Liste mit besonderen Regeln und Strafen, auf die wir uns an diesem Abend geeinigt hatten und die jetzt deutlich sichtbar am Kühlschrank hing.

Diese Regeln (und Konsequenzen für den Fall, dass man sie brach) sollten meine Hauptquelle, mein Prüfstein für elterliches Glück, Energie und Erfolg sein. Denn nur durch Anwendung von Macht, so behauptet Machiavelli, können Individuen (oder Kinder) dazu gebracht werden zu gehorchen. Und nur durch Anwendung von Macht kann ein Führer (oder Elternteil) einem Staat (oder einer Familie) Sicherheit und Geborgenheit geben. Machiavelli geht aber noch weiter. Er vertritt die Auffassung, dass »gute Gesetze das Ergebnis eines tüchtigen Wehrwesens [sind]« und behauptet, die rechtmäßige Einhaltung des Gesetzes beruhe einzig auf der Androhung von Zwangsgewalt. In anderen Worten, wenn man sich nicht vor Bestrafung fürchtet, dann ist es ziemlich unwahrscheinlich, dass man sich an die Regeln hält.

Und während ich darüber nachdachte, ging mir ein Licht auf: Kleine Kinder gehorchen Regeln nicht deshalb, weil sie ihre Mutter und ihren Vater lieben. Natürlich lieben sie uns. (Und wir lieben sie über alles. Meistens zumindest.) Aber folgsamer werden sie nicht uns zuliebe, sondern nur, weil sie Angst haben, von ihren Eltern bestraft zu werden. Wenn ich als Elternteil also meine Autorität festigen wollte, dann musste ich meine Macht durch Androhung von Zwangsgewalt etablieren.

Unterm Strich: Wenn es um fürstlichen oder elterlichen Erfolg ging, dann drehte sich alles um Macht und Autorität, Ursache und Wirkung, Disziplin und Respekt.

Nun bin ich keine Mimose, wenn es darum geht, meine Kinder zu bestrafen. Doch ich gebe zu, dass ich kurz innehielt, als ich mir dieses machiavellische Konzept durch den Kopf gehen ließ. Ich meine, das »Androhen von Zwangsgewalt« klingt einfach unglaublich militärisch und schneidet das gesellschaftlich brisante Thema der körperlichen Züchtigung oder, im Fall der Kindererziehung, der sogenannten Tracht Prügel an.

An dieser Stelle sollte ich klarstellen, dass ich grundsätzlich nichts davon halte, ein Kind, egal welchen Alters, durch Schläge zu erziehen. Ich habe Teddy nie geschlagen. Ich habe Trevor nie geschlagen. Ich habe meinen Mann nie geschlagen (aber das ist ein ganz anderes Thema). Und bis ich bei Katie mit meinem Latein am Ende war, ist es mir auch nie in den Sinn gekommen, ihr einen Klaps zu geben. Das soll jetzt keine moralische Bewertung sein. Ich sage einfach nur, dass ich diese spezielle Form der Disziplinierung – gute Waffen, wie Machiavelli sagen würde – als Elternteil nur im Extremfall einsetzen würde.

Wie das Schicksal so spielt, kam dieses Thema auf den Tisch, als Katie sich eines Tages gleich dem Entfesselungskünstler Houdini in einem unbeobachteten Moment aus dem Haus stehlen wollte. Diese Tatsache war an sich schon beunruhigend genug. Doch es ging um eine Regel, die ich nicht explizit auf der Liste erwähnt hatte. Und ganz ehrlich, in dem Moment, in dem ich Katie nicht finden konnte, war ich viel mehr besorgt als wütend. Ich dachte nicht an Machiavellis Regeln. Ich dachte auch nicht daran, »gute Waffen« einzusetzen. Ich war einfach nur eine beschützende und leicht panische Mutter, die versuchte, ihr Kind davon abzuhalten, sich in Gefahr zu begeben. Aus dieser Urangst und Frustration heraus gab ich ihr einen kleinen Klaps auf den Hintern.

Ja, ich gebe es zu: Ich habe mein Kind geschlagen.

Überrascht machte Katie große Augen, doch weder jammerte sie, noch heulte sie. Alles schien vergessen, bis sie am nächsten Tag versuchte, denselben Streich erneut durchzuziehen. Dieses Mal gab ich ihr ganz gezielt einen Klaps (im Gegensatz zu meinem gefühlsmotivierten Ausbruch), woraufhin sie kurz eine Grimasse schnitt ... und mich dann breit angrinste.

Ganz eindeutig war diese disziplinarische Maßnahme nicht nur ineffizient, sie verschlimmerte die Situation sogar noch. Oder, wie Francis Bacon (im Übrigen einer von Machiavellis frühesten und größten Anhängern) sagen würde, das Heilmittel war schlimmer als die Krankheit.

Bezwungen, aber entschlossen fragte ich mich, ob das Problem eventuell weniger mit Machiavellis Ratschlag als vielmehr mit meiner Ausführung desselben zu tun hatte. Also durchkämmte ich meine alte Ausgabe von *Der Fürst* und stolperte dabei über ein verwandtes Konzept. Sinngemäß sagt Machiavelli, dass Gesetze nur dann befolgt werden, wenn sie auch verstanden werden. Was natürlich einleuchtet, aber ich hatte den Eindruck, das Gesetz klar und verständlich vermittelt zu haben. Ich meine, welcher Teil von »GEH NICHT OHNE DADDY ODER MICH AUS DEM HAUS!« ist denn nicht klar oder verständlich?

Als ich während der nächsten Tage darüber nachdachte, wurde mir bewusst, dass nicht die Regel missverständlich war. Es war die Bestrafung, die Katie verwirrte. Denn was bitte schön hatte denn aus ihrer Perspektive ihr Hinauslaufen mit einem Klaps zu tun? Die Antwort lautet: nichts. Vielleicht hatte ich für diese Schlacht also die falsche Waffe gewählt.

Ein paar Tage später entwischte Katie wieder nach draußen und wollte sich im Garten verstecken. Dieses Mal folgte ich ihr ruhig, brachte sie dann in ihr Zimmer und schaute sie streng an.

»Du weißt, dass du das Haus nicht verlassen sollst, ohne zu fragen, oder?«, sagte ich sanft, aber ernst. Bestätigend nickte sie, wirkte durch die neu entdeckte Ruhe und das Selbstvertrauen ihrer Mutter jedoch irgendwie erschüttert und verwirrt.

»Also gut«, verkündete ich. »Du bekommst jetzt eine halbe Stunde Zimmerarrest.«

Auf ihrem süßen, von Schuldgefühlen geplagten Gesicht tauchte ein Ausdruck völligen Entsetzens auf. »Nein«, wimmerte sie, als ich zur Tür ging.

»Tut mir leid, Katie«, sagte ich streng. »Du kennst die Regeln. Und ab jetzt werde ich das jedes Mal so machen, wenn du eine Regel brichst. Jedes – einzelne – Mal.«

Dann schloss ich langsam die Tür und entfernte mich. Und so hart das für uns beide auch war, so wirksam war es, denn ich kann sagen, dass es das erste Mal war, dass ich sie angesichts meiner Zurechtweisung weinen sah. Doch ihr Weinen war nicht der Traurigkeit oder Frustration geschuldet. Es war ein Weinen der Beklommenheit (Eine *halbe* Stunde Zimmerarrest? Autsch!!) und der Erkenntnis (Vielleicht sollte ich das besser nicht mehr machen?).

Das mutet jetzt vielleicht drastisch an, vor allem, wenn man nicht mit den besonderen Herausforderungen vertraut ist, ein behindertes Kind zu maßregeln. Das verstehe ich. Das ist eine sehr heikle und schwierige Angelegenheit. Und mir ist klar, dass ich für meine Handlungen und Entscheidungen in diesem besonderen Fall stark kritisiert werden könnte. Doch in der Erziehung und in der Politik kommt es immer auf den Kontext an. Und wenn diese pragmatische und kompromisslose machiavellische Strategie gebraucht wurde, damit meiner überaus süßen und lebhaften, aber auch dickköpfigen kleinen Tochter nichts zustieß, so war das meiner Ansicht nach in ihrem Interesse. Ich hatte das Gefühl, dass der Zweck in diesem Fall *tatsächlich* die Mittel heiligte.

Einfach mit ihr zu reden half nicht. Ein leichter Klaps funktionierte Gott sei Dank auch nicht. Doch bei längerem und umgehend angeordnetem Zimmerarrest zeigte sich eine Wirkung. Wenn ich Machiavellis Rat befolgte und Vorschriften machte, dann erkannte sie vermutlich, dass das, was sie als witziges Spiel mit ihrer Mom erachtete, kein Gelächter hervorrief, sondern ihr stattdessen eine langweilige Zeit auf dem Zimmer bescherte. Also beschloss sie klugerweise, sich anzupassen. Mit anderen Worten, ich würde nicht nach ihren Regeln spielen. Sie würde nach meinen spielen müssen. Und das galt für alle meine Kinder.

Als ich eine halbe Stunde später in ihr Zimmer ging, saß sie auf dem Bett und schaute sich ein Bilderbuch an. Eine Zeit lang ignorierte sie mich, und als sie schließlich aufblickte, sah sie mich direkt an und lächelte verlegen.

»Bist du jetzt so weit, rauszukommen und dich zu benehmen?«, fragte ich.

»Ja!«, sagte sie, kicherte und klatschte in die Hände.

Und angesichts dieses errungenen Sieges atmete ich erleichtert durch und ging in aller Ruhe mit ihr aus dem Raum, im Vertrauen darauf, dass Machiavellis Regeln mir helfen würden, sie – wie auch meine anderen Kinder – behutsam zu einem besseren Benehmen zu bewegen.

Erinnern Sie sich: Machiavellis Erziehungsansatz dreht sich einzig um Macht, Autorität, Disziplin und Respekt, gemischt mit einer gesunden Dosis Furcht und dem eigennützigen Prinzip von Ursache und Wirkung. Und das Beste daran:

Meine Kinder kennen jetzt unsere Regeln, weil sie geholfen haben, diese aufzustellen. Und sie wissen genau, was passieren wird, wenn sie sie brechen – weshalb sie sich dazu entschließen, sie zu befolgen. Meistens. (Mehr dazu später.)

Noch wichtiger aber ist, dass sie wissen, dass sie eine strenge, gerechte Mutter haben, die sie sehr liebt. Doch wie Machiavelli in seinem Buch ausdrücklich mahnt, reicht es nicht, einfach nur Einfluss zu erlangen. Einfluss muss auch aufrechterhalten werden. Eine Aufgabe, die häufig mit großen Konflikten und Gefahren einhergeht – sowohl für einen Fürsten als auch für ein Elternteil.

Kapitel 5
Es ist schwieriger, einen neu gewonnenen Fürstenstaat zu regieren als einen geerbten: Wie man Stiefkinder diszipliniert

Ich hatte also (zumindest für den Moment) strenge Regeln und strenge erzieherische Maßnahmen bei uns zu Hause etabliert – was kam als Nächstes? Da ich mir nicht sicher war, wie ich weiter vorgehen sollte, schnappte ich mir meine Ausgabe von *Der Fürst* und stellte fest, dass Machiavelli zu Beginn die unterschiedlichen Regierungsformen in zwei grundsätzliche Typen aufteilt: Republiken und Fürstenstaaten (so genannt, weil sie von einem Fürsten oder Einzelherrscher regiert werden). Fürstenstaaten beschreibt er entweder als erblich, wenn ein Fürst schon seit Langem eingeführt ist, oder als neu, wenn die neuen Gebiete durch Gewalt erobert oder durch Glück oder *virtù* erlangt wurden (mehr zu diesen zentralen Begriffen später).

Von diesen Beobachtungen ausgehend sagt Machiavelli, dass sich in einem erblichen Staat weniger Schwierigkeiten für einen Fürsten auftun, da seine Untertanen mit ihm vertraut und an seine Herrschaft gewöhnt sind. Naturgemäß haben sie sogar einen Hang dazu, den Fürsten und seine Familie zu lieben, es sei denn, irgendein schrecklicher Verstoß wurde begangen. Doch wenn ein Fürst (oder Elternteil) ein neues Fürstentum erlangt und versucht, über die neuen Untertanen zu herrschen, endet es häufig im Desaster.

Zumindest war das bei mir der Fall.

Eine der größten Schwierigkeiten, der ich kurz nach der Hochzeit mit Eric gegenüberstand, war das Disziplinieren meines neuen »Untertans« Daniel – mein süßer, lieber und dickköpfiger, damals sechsjähriger Stiefsohn –, der sich schrecklich aufführte (will sagen: rebellierte). Das meiste davon war typischer Kinderkram, wie seinem Dad frech zu antworten und wilde Wutanfälle, wenn er ein neues Plüschtier nicht bekam, das er unbedingt haben wollte.

Mit zunehmendem Alter wurde sein Verhalten schlimmer. Er log zum Beispiel, um keine Schwierigkeiten zu bekommen: »Ich schwöre, ich habe den letzten Keks nicht gegessen«, sagte er dann, die Krümel noch im Gesicht verschmiert. Er schummelte bei ansonsten freundschaftlichen Handballspielen: »Übertritt!«, rief er, während Teddy mit gerunzelter Stirn auf ihre kleinen Füße hinabblickte, die die Linie ganz eindeutig nicht übertreten hatten, außerdem steckte er gelegentlich Kleingeld ein, das ihm nicht gehörte.

Lügen, Schummeln und »Stehlen« gelten für mich genau wie für Eric als schwere Vergehen. Doch mein Mann hatte Daniel nur einmal pro Woche über Nacht da und wollte seine Zeit keinesfalls nur damit zubringen, ihn zusammenzustauchen. Also bat mich Eric, kurz nachdem ich meinen machiavellischen Plan ausgebrütet hatte, ihm im Bereich Disziplin auszuhelfen.

Ausgerüstet mit *Der Fürst* zog ich bereitwillig in diese Schlacht. Und jedes Mal, wenn Daniel eine Regel brach, bestrafte ich ihn ebenso prompt und streng, wie ich es auch bei unseren anderen Kindern getan hätte, wenn sie sich ähnlich verhielten. Sie können sich vorstellen, dass das keinen großen Anklang fand.

An einem Samstagnachmittag spitzte sich dann die Lage zu, als ich sah, wie Daniel einen zerknitterten Ein-Dollar-Schein aufhob, der aus meinem Geldbeutel gefallen sein musste. Ich beobachtete, wie er sich umschaute und ihn dann einfach in seiner Hosentasche verschwinden ließ. Genau wie andere Eltern auch legte ich dies sofort als vorsätzliches und absichtliches »Stehlen« aus – ein Verhalten, das auf unserer Liste ganz eindeutig verboten wurde.

Würde Daniel die Wahrheit sagen? Ich hoffte es. Doch ich wusste es nicht. Also ging ich wie ein machiavellischer Cop an die Sache heran, der einen Gelegenheitsdieb oder Kleinkriminellen stellte.

»Hey, Daniel«, sagte ich beiläufig. »Hast du zufällig einen Ein-Dollar-Schein gesehen? Er lag vor ein paar Minuten auf dem Boden, jetzt ist er aber nicht mehr da.«

Er schaute mich an und schüttelte schuldbewusst den Kopf.

Folglich stand noch mehr auf dem Spiel, denn er hatte nicht nur etwas eingesteckt, das ihm nicht gehörte, er flunkerte deswegen auch noch. Ich behielt einen kühlen Kopf und gab ihm eine weitere Gelegenheit zu beichten. »Bist du dir *ganz* sicher?«, fragte ich nachdrücklich. »Ich *weiß* nämlich, dass er hier war.«

Weiteres schuldbewusstes Kopfschütteln war seine einzige Antwort.

Gerade da kam Eric die Treppe herunter, also nahm ich ihn zur Seite und unterrichtete ihn leise über den Vorfall. Auch er war sehr betroffen.

»Hey, Kumpel«, begann er. »Hast du hier einen Ein-Dollar-Schein gefunden?«

»Äh … nein«, erwiderte Daniel und blickte seinem Vater dabei ins Gesicht.

Und in diesem Moment hatte ich genug.

»Doch«, sagte ich bestimmt. »Ich habe gesehen, wie er ihn aufgehoben und in die Hosentasche gesteckt hat.«

Daniel stand einfach nur da, vor Bestürzung ganz erstarrt.

Da er seinen Sohn beschützen wollte, warf Eric mir einen Blick zu, als wäre ich ein abtrünniger Cop, der gerade überreagierte. Doch ich ließ mich nicht aus dem Konzept bringen und bat Daniel ruhig darum, seine Taschen zu leeren – aus denen, natürlich, ein zerknitterter Ein-Dollar-Schein auftauchte.

Aha! Eine wunderbare Lektion!, dachte ich. Doch natürlich ging dieser Zwischenfall an Daniel nicht einfach so vorbei, und schnell wurde klar, dass mein neuer Stiefsohn nicht sehr begeistert von mir war.

Ganz egal, wie lehrreich dieser Augenblick war, in gewisser Weise war er auch unangenehm und spannungsgeladen, insbesondere da Eric der Meinung war, ich würde Daniel sehr viel barscher zurechtweisen als die anderen Kinder. Ich dagegen fühlte mich, als wäre ich sprichwörtlich den Wölfen zum Fraß vorgeworfen worden. Doch statt mich aufzuregen und es persönlich zu nehmen, atmete ich einmal tief durch und wandte mich an Machiavelli in der Hoffnung, eine Strategie zu finden, die mir half, diese verworrene und scheinbar nicht zu gewinnende Schlacht beizulegen. Und so merkwürdig sich das auch anhört, seine Einblicke in die Schwierigkeiten, ein neues Fürstentum zu regieren, halfen mir weiter.

Machiavelli unterstreicht vor allem: »Wenn Provinzen eines Landes erobert werden, die an Sprache, Sitte, Verfassung verschieden sind, so entstehen Schwierigkeiten, und es gehört viel Glück und große Anstrengung dazu, sie zu behalten.« Als ob ich das nicht wüsste! Doch als ich das eher allgemein und locker verglich, wurde mir klar, dass die Schwierigkeiten, mit denen Daniel als neuer Stiefsohn zu kämpfen hatte, zum Teil daher rührten, dass er bei seiner Mutter andere Regeln und Gepflogenheiten gewohnt war.

Abgesehen davon, eine möglichst große Kontinuität in seinem Leben aufrechtzuerhalten (mit ähnlichem Verhalten und ähnlichen Regeln etc.), konnte ich daran nicht viel ändern. Was soll der neue Fürst (oder das Stiefelternteil) also tun?

Auch hier wartet Machiavelli mit einem hilfreichen Rat auf, indem er sagt: »Eines der kräftigsten Mittel ist, daß der Eroberer selbst sich hinbegibt, um daselbst seine Residenz zu nehmen.«

Daselbst seine Residenz nehmen? Na gut. Aus ganz offensichtlichen, logistischen Gründen würde ich nicht hingehen und in dem Haus residieren, in dem Daniel mit seiner Mutter lebte. Das, da bin ich mir relativ sicher, wäre ziemlich unbedacht. Was ich allerdings tun konnte und auch tat, war, Machiavellis Erkenntnisse über neue Fürstenstaaten zu nutzen, um meine Beziehung zu Daniel in einem objektiven, neuen Licht zu betrachten.

Und das half. Denn als ich diese Schlacht einmal aus seiner Sicht statt aus meiner betrachtete, wurde mir klar, dass die Schwierigkeiten, denen er sich als neuer Stiefsohn gegenübersah – und mit denen viele Stiefkinder anfangs konfrontiert werden –, aus einer Problematik resultierten, die allen Patchworkfamilien gemein ist. Während die biologischen Eltern automatisch die »Gebieter« ihres Kindes sind, denen es ganz selbstverständlich vertraut und die es liebt, so ist der Gebieter eines neuen Fürstentums (oder einer Patchworkfamilie) mit seinem Untertan nicht vertraut und muss sich sein Vertrauen und seine Liebe verdienen.

Ganz eindeutig hatte ich einiges zu tun.

Und auch hierfür gibt Machiavelli einen hilfreichen Rat. Dieses Mal war es sein Hinweis, »dass die Menschen gern ihren Herrn wechseln«. Was hat das mit Erziehen zu tun? Nun ja, Daniel hat mich nicht freiwillig ausgewählt, und ich war mir ziemlich sicher, dass er mich jederzeit abservieren würde, hätte er die Möglichkeit dazu – insbesondere nachdem ich ihn wegen des Ein-Dollar-Scheins bloßgestellt hatte.

Und während ich darüber nachdachte, wurde mir klar, dass wir zwar vielleicht nicht seine »Gebieter« (seine Mutter, Eric und mich) ändern konnten, wohl aber, wer die Gesetze vollstreckte. Mit anderen Worten, ich an Daniels Stelle würde lieber von Eric als von mir gemaßregelt werden. Das soll jetzt nicht heißen, dass ich bereit war, meine Autorität als Stiefmutter völlig aufzugeben. Aber ich dachte, es wäre in Daniels Interesse und in dem unserer Familie, wenn vorrangig Eric agierte, wenn es darum ging, Daniel zurechtzuweisen.

Kurz nach dieser teilweisen Machtverschiebung amüsierte sich Daniel damit, eines von Teddys Plüschtieren in den sich drehenden, alten Deckenventilator in ihrem Zimmer zu werfen. Ich war nicht dabei, als er das tat. Ich wurde nur mit den Folgen konfrontiert, als ich das Zimmer betrat und einen abgebrochenen Ventilatorflügel am Rand von Teddys Bett liegen sah.

»Was ist passiert?«, wollte ich wissen.

Keine Antwort.

»Was ist *passiert?*«, hakte ich nach und sah Teddy an.

Sie wollte Daniel nicht verpetzen, also zuckte sie mit den Schultern und blickte zu Boden.

»Du musst mir sagen, was passiert ist, Teddy«, sagte ich streng. »Jemand hätte hier schrecklich verletzt werden können, wenn dieser Flügel einen getroffen hätte.«

Widerstrebend blickte sie mich an und flüsterte: »Daniel hat meinen Bären in den Ventilator geworfen.«

»Du hast den Bären in den Ventilator geworfen, während er sich gedreht hat?«, fragte ich ihn ungläubig.

»Ja«, erwiderte er und lachte nervös. »Das war ein Spiel. Er sollte aber nicht kaputtgehen.«

Am liebsten hätte ich genau in dem Moment gesagt: *»Nimmst du mich etwa auf den Arm? Das war nicht nur wirklich bescheuert, das war richtig gefährlich!«*, was auch durchaus der Wahrheit entsprach. Doch in Besinnung auf Machiavellis Erkenntnisse über neue Fürstenstaaten sah ich die Situation objektiv aus Daniels Sicht und nicht aus meiner. (Will sagen, ich konnte verstehen, inwiefern ein Kind einen solchen »Streich« als amüsant erachtete.) Auch versuchte ich, nicht überzureagieren oder emotional zu werden. Stattdessen beratschlagte ich mich in Ruhe mit Eric, und er nahm sich dieser Sache an.

»Du weißt, dass das eine blöde Aktion war, Daniel«, sagte Eric, als er versuchte, den Ventilator zu reparieren.

»Schon«, Daniel nickte.

»Und du weißt, dass es gefährlich war?«

»Ich wusste nicht, dass er abbrechen würde«, brachte Daniel zu seiner Verteidigung hervor.

»Ich weiß, dass du das nicht wusstest«, sagte Eric. »Aber du musst uns versprechen, dass du das nie wieder tust. Versprichst du das?«

Daniel nickte. »Ja, das verspreche ich.«

Wunderbar!, dachte ich. *Endlich eine wichtige Lektion gelernt!*

Und das Beste daran: Statt bei einem Verstoß einen Wutanfall zu bekommen, nehme ich mich einfach zurück, halte die Klappe und beobachte aus sicherer, neutraler Entfernung, wie die Bestrafung ausfällt. Wie die Schweiz. Eine Win-win-Situation. Und genau das wollen wir.

Fazit: Vor der Lektüre von *Der Fürst* hätte ich das Verhalten meines Stiefsohns persönlich genommen, seine Trotzhaltung als ein Zeichen dafür, dass er mich nicht respektierte. Doch indem ich Machiavellis Erkenntnisse auf mein Leben übertrug, sah ich klarer und betrachtete unsere Beziehung objektiver. Ich warf ihm sein gelegentliches ungezogenes Verhalten, das ja alle Kinder an den Tag legen, nicht mehr vor. Diese eine Verschiebung machte einen großen Unterschied für alle in unserer Familie, und was vorher nach einem von streitenden Fraktionen verwüsteten Schlachtfeld aussah, wurde friedlicher und krisenbeständiger.

Und ob Sie nun ein Stiefelternteil sind oder nicht, so ist ein Gefühl von Frieden und Vorhersehbarkeit, das durch eine gewisse Stabilität erreicht wird, immer erstrebenswert. Der Schlüssel liegt darin, nicht überzureagieren oder Dinge persönlich zu nehmen, wenn Probleme auftauchen. Ja, es ist einfach, sich als Elternteil durch das schlechte Benehmen eines Kindes persönlich angegriffen zu fühlen. Doch das habe ich von Machiavelli gelernt: Wenn familiäre Streitigkeiten, Kämpfe oder Katastrophen aufkommen – und das werden sie –, dann sollte man versuchen, die Situation ruhig und objektiv zu überdenken. Wenn *Sie* es schaffen, sich so zu verhalten, dann *wird* Ihr Privatleben ruhiger und gefestigter – und auch Ihr Blutdruck wird wieder sinken, genau wie bei mir!

Mit diesem errungenen Sieg seufzte ich erleichtert auf und richtete mein Augenmerk auf eine ganz andere elterliche Kampfzone.

Kapitel 6

Es ist entscheidend, ob ein Kind im frühen Alter Gutes oder Schlechtes zu hören bekommt: Die Kraft der positiven Verstärkung

Ich hätte mir gewünscht, dass meine Tochter Teddy mehr liest, vor allem deshalb, weil mir bestens in Erinnerung war, wie sehr Lesen mein Leben als Kind bereichert hatte. Ich denke, das wollen viele Mütter für ihre Kinder. Doch trotz meines Bittens, Flehens, Gutzuredens und anderer Bemühungen, meine intelligente Sechsjährige dazu zu bekommen, ein Buch zur Hand zu nehmen, das nicht Teil ihrer Hausaufgaben war, sah sie doch viel lieber fern oder fuhr Fahrrad, als ihre Freizeit lesend zu verbringen.

Konnte *Der Fürst* mir helfen, diese Schlacht zu gewinnen? Ich war mir nicht sicher. Also beschäftigte ich mich zunächst mit Machiavellis persönlichen Briefen, um diesen Mann besser zu verstehen, und fand heraus, dass er ein liebender Vater war, dem das Wohl seiner Familie sehr am Herzen lag. Wie ich außerdem erfuhr, war eines seiner größten elterlichen Anliegen, dass seine Kinder ihre frühe Jugend in beständigem Streben nach Wissen verbrachten – nicht nur sich selbst zuliebe, sondern weil dies unweigerlich zu einem besseren Leben führen würde.

Ja!, dachte ich. *Genau das wollen alle Eltern!*

Und als ich weiterlas, stieß ich auf einen Brief, den Machiavelli seinem Sohn Guido zu genau diesem Thema geschrieben hatte. »[...] ich habe einen Brief von Dir erhalten, der mich sehr erfreut hat, besonders weil Du mir schreibst, daß Du wieder ganz gesund bist; es hätte für mich keine wichtigere Neuigkeit geben können, denn wenn Gott Dir und mir das Leben giebt, hoffe ich aus Dir einen tüchtigen Mann zu machen, wenn du anders das Deinige dabei auch thun willst.« Und Bezug nehmend auf den neuen Schirmherrn seines Sohnes fügte er hinzu: »[...] es soll Dir zu Gute kommen – aber Du mußt was tüchtiges lernen; und da Du jetzt keine Entschuldigung mehr durch Deine Krankheit hast, so strenge Dich an, in den Wissenschaften und der Musik Fortschritte zu machen; Du siehst ja, welche Ehre es mir bringt, daß ich in der Welt zu etwas tüchtig bin. Also, mein Sohn, wenn Du mir Freude machen und Dir Nutzen und Ehre bereiten willst, folge mir und lerne, denn wenn Du Dir hilfst, werden Dir alle beistehen.«

Fünf Jahrhunderte später in Südkalifornien ermutigte mein eigener Vater meinen älteren Bruder Mark und mich, dasselbe zu tun, und eine meiner schönsten Kindheitserinnerungen sind unsere zweiwöchentlichen Ausflüge in die Bücherei des Viertels. Wir gingen am frühen Abend dorthin, nachdem wir unsere Hausaufgaben erledigt hatten. Sobald wir dort eintrafen, bestimmte mein Vater, wie viele Bücher wir aussuchen durften, doch was wir auswählten, überließ er uns.

Und mir nichts, dir nichts hatte ich mich Hals über Kopf verliebt.

Das Buch um Miss Suzy und ihre verlassenen Spielzeugsoldaten eroberte mein Herz als Erstes, gefolgt von den Abenteuern in *Unsere kleine Farm, Der König von Narnja* und *Die*

Zeitfalte. Danach verfiel ich mit Haut und Haaren Peter Pan, dem Jungen, der auf wundersame Weise fliegen konnte und niemals erwachsen wurde (was für eine Vorstellung!), dem wilden und lebenslustigen jungen Wilbur und dem verrückten aber weisen Willy Wonka (Gene Wilder würde später meine erste Liebe auf der Kinoleinwand werden, der dann mit Bobby Brady, Steve Martin und George Clooney wetteiferte – so, jetzt wissen Sie's!!). Mein absolutes Lieblingsbuch war wohl *Alice im Wunderland* – mit dieser charmanten Grinse-Katze, deren Angewohnheit des allmählichen Verschwindens (wobei nur ihr Grinsen zurückbleibt) mich immer wieder von Neuem – stellen Sie sich das mal vor! – zum Grübeln brachte.

Und auf dem Hin- und Rückweg überhäufte mein Vater mich oft mit Fragen, um sich ein Bild über meine Fortschritte und mein Verständnis zu machen. Wie war Miss Suzy noch mal in ihr gemütliches Zuhause in der Eiche zurückgekehrt? Was ist mit Augustus Gloop und Mike Teavee passiert? Und wohin führte der magische Schrank? Und stets lobte er mich, was für eine aufmerksame Leserin ich doch sei.

Und genau darin liegt das Geheimnis des Lesens verborgen. So, wie wir ein Pferd sprichwörtlich zum Brunnen führen, es jedoch nicht zum Trinken zwingen können, so können wir unsere Kinder zwar in die Bücherei bringen, sie aber nicht zum Lesen zwingen. Oder zumindest können wir sie nicht dazu zwingen, es gerne zu tun.

Dieser Drang muss aus ihnen selbst kommen.

Zu meiner größten Freude begann Teddy früh, sich für Bücher zu interessieren, und während des Sommers zwischen Kindergarten und erster Klasse las sie Hunderte Bilderbücher, von *Kleiner Bär, kleiner Bär, was siehst du da?* über *Wo die wilden Kerle wohnen* bis zu *Schlaf gut, kleiner Esel*. Ermuntert von ihrem Vater, der das Projekt wunderbar eingeführt hatte und begleitete, schrieb sie den Titel von jedem gelesenen Buch auf eine Liste und war sehr stolz, als diese immer länger wurde.

Gleichermaßen wichtig war, dass ihr das Lesen wirklich Spaß zu machen schien – bis zur zweiten Klasse, als ihr Interesse für Bücher mit einem Schlag fast gänzlich verschwunden war. Um sie mehr zum Lesen zu animieren, tat ich, was wohl viele andere Mütter ebenfalls wohlmeinend, aber törichterweise tun: Ich bediente mich der Bestechung.

»Wenn du eine halbe Stunde lang *Insel der blauen Delphine* liest, dann nehme ich dich mit ins Eiscafé.«

»Na gut«, lautete ihre Antwort, die sie seufzend und mit rollenden Augen verlauten ließ, ehe sie sich hinsetzte, um meiner Aufforderung widerwillig nachzukommen.

Was tut man nicht alles für einen Erdbeereisshake?

Da ich fürchtete, die Gelegenheit könnte verstreichen, ohne dass sie eine Liebe zum Lesen entwickelte, suchte ich bei Machiavelli nach Strategien, mit denen ich diesen beunruhigenden Trend umkehren konnte. Dieses Mal traf ich auf eine Maxime, die eine weitere hilfreiche Regel auf der Liste wurde: »Denn es kommt viel darauf an, ob ein [Kind] von frühester Jugend an ständig Gutes oder Schlechtes von einer Sache reden hört. Hierdurch entstehen notwendige Eindrücke, die seinem Verhalten in jedem Lebensalter die Richtung geben.«

Kaum, dass mir dieser Schatz in die Hände gefallen war, wurde mir klar, dass ich die Sache falsch angepackt hatte. Meine Bestechungsversuche konnten als eine subtile Form des »Tadels« verstanden werden. Vielleicht hatte ich das Lesen so unbeabsichtigt, aber auf gefährliche Weise mit einer lästigen Aufgabe gleichgesetzt, einer langweiligen, aber notwendigen, die mit einem aufregenderen und angenehmeren Ausgang verbunden war. Und wie Machiavelli mahnen würde, könnte diese Art des Tadels, diese negativ behaftete Botschaft, die ich über das Lesen verbreitete, einen bleibenden Eindruck bei meiner Tochter hinterlassen, aus dem eine Regel für ihr ganzes Leben wurde.

Was ich brauchte, war ein Paradigmenwechsel – und zwar schnell. Statt sie also mit Eis zu bestechen, lobte ich sie überschwänglich und verwickelte sie in ein Gespräch, wenn sie zum Vergnügen las.

»Du magst also das Buch über die dummen Hasen?«, fragte ich sie eines Tages, als sie ein weiteres dämliches Angry-Birds-Spiel auf meinem iPhone spielte.

»Ja, das ist ziemlich lustig«, erwiderte sie, ohne den Blick vom Bildschirm abzuwenden.

»Worum geht es da?«

Als ihr Spiel zu Ende war, schaute sie mich an und grinste. »Es geht um eine Hasenfamilie, die immer das Gegenteil von dem tut, was sie tun soll.«

»Wirklich? Was zum Beispiel?«

»Zum Beispiel gehen sie an den Strand, wenn es regnet«, sagte sie lachend. »Oder sie machen ein Picknick in der Autowaschanlage.«

Ich lachte mit ihr und fragte dann: »Willst du es mir vorlesen?«

Sie schaute mich mit einem merkwürdigen Ausdruck an, legte dann mein iPhone weg und schnappte sich das Buch.

»Mal sehen«, fing sie an. Sie blätterte zur ersten Seite und fing an zu lesen, zunächst zögerlich, dann immer flüssiger und angeregter.

Doch dieser Sieg währte nur kurz, denn in den darauffolgenden Tagen und Wochen nahm sie nur selten ein Buch zur

Hand, wenn sie es nicht für ihre Hausaufgaben benötigte. Ich war niedergeschlagen, ließ meine Gedanken wieder um Machiavelli kreisen, der seine Kinder aktiv dazu aufgefordert hatte zu lesen. Doch wie, so fragte ich mich, war *er* zu einem solchen Buchliebhaber geworden?

War das auf natürliche Weise entstanden oder war es gefördert worden?

Aus Neugierde stellte ich ein paar Nachforschungen an und fand Folgendes heraus: Sein buchliebender Vater ermunterte ihn bereits als kleines Kind, zu lesen. Bernardo Machiavelli war ein angesehener, aber keineswegs reicher florentinischer Anwalt. Abgesehen davon, dass er andauernd verschuldet war, zeichnete er sich vor allem durch seine Leidenschaft für Bücher aus, und er hatte durch »erhebliche Ausgaben« eine »kleine persönliche Bibliothek« zusammengestellt. Sie umfasste Bücher von Aristoteles, Cicero und weiteren griechischen und römischen Philosophen, Werke der großen Meister der Rhetorik und Bände über italienische Geschichte – manche davon hatte er ausgeliehen, andere mithilfe des Ertrags seines bescheidenen Familienguts, das in den weinbedeckten Hügeln südlich von Florenz lag, erstanden. (Derselbe Hof übrigens, den Niccolò später erben und wo er *Der Fürst* schreiben sollte.)

Im Auftrag eines italienischen Verlegers erstellte Bernardo einen Index von Ortsnamen für Livius' *Römische Geschichte,* nur um ein Exemplar der bevorstehenden Ausgabe in die Finger zu bekommen. »Die Arbeit war anstrengend, eintönig und dauerte neun Monate«, schrieb der Historiker Sebastian de Grazia, »aber im Gegenzug dafür durfte er das Buch behalten.« Und so konnte sein Sohn nach Belieben Livius' Bericht darüber lesen, wie die politischen und militärischen Errungenschaften eine kleine Stadt in eine freie, mächtige Republik verwandelten.

Machiavellis Interesse an Politik und seine Leidenschaft für Bücher wurden also durch die Ermutigungen und die beharrlichen Bemühungen seines Vaters geweckt.

Was für ein kostbares Geschenk, das man als Elternteil seinem Kind machen kann! Ich will damit sagen, wäre Bernardo ein Händler oder Banker gewesen und hätte seinen beeinflussbaren jungen Sohn jeden Tag zum Arbeiten nach Florenz geschickt, statt ihn in die Welt der Bücher eintauchen zu lassen, dann hätte Machiavelli *Der Fürst* vermutlich nicht geschrieben und wäre auch nicht der bedeutendste Prosaschriftsteller Italiens geworden.

Vor diesem Hintergrund beschloss ich, meine Anstrengungen zu steigern, indem ich eigene kleine Bücher schrieb, um so Teddys Interesse zu wecken. Wie so viele Kinder ist sie ein großer Tierliebhaber, also verfasste ich kurzerhand ein Bilderbuch mit dem Titel *Der Tag, an dem Abraham Lincoln drei kleine Kätzchen rettete* und dann eines über Teddy Roosevelt und die Erfindung des Teddybärs. Danach wurde ich etwas ambitionierter und schrieb ein Buch mit mehreren Kapiteln über siebenjährige Zwillinge, die in der Zeit zurückreisten, um eine Reihe von historischen Rätseln zu lösen, und schließlich eines über ein zehnjähriges Mädchen namens Zoey Zoolander, die eine streunende Katze aufnimmt und ihr alle möglichen verrückten und beeindruckenden Tricks beibringt. Und zu meiner großen Freude verschlang Teddy sie schneller, als ich sie schreiben konnte. Das wiederum änderte sich abrupt, als sie in die dritte Klasse kam.

Na ja, dachte ich, vielleicht liest sie einfach nicht gerne. Und langsam und stillschweigend versuchte ich, mich damit abzufinden.

Doch eines Tages, nachdem ich sie von der Schule abgeholt hatte, saß ich vor meinem Laptop, während sie sich einen

Nachmittagssnack zubereitete. Keine zwei, drei Minuten waren vergangen, als sie aufsah und mir sagte: »Mir ist *so* langweilig, Mom. Können wir nicht zur Eisdiele gehen?«

»Tut mir leid, Liebes«, erwiderte ich achselzuckend. »Ich muss arbeiten.«

Sie seufzte und machte sich dann mit ihrem Pizzastück auf den Weg nach oben. Doch etwa eine halbe Stunde später fiel mir auf, dass es bei uns ungewöhnlich, fast schon gespenstisch ruhig war. Im Fernseher dröhnte keine Folge von *iCarly*. Keine Angry Birds zwitscherten über meinen iPhone-Bildschirm. Als ich mich zur Treppe aufmachte, blieb mein Herz kurz stehen, dann da saß sie und hatte meinen neuen Kindle zwischen ihren fettigen Fingern.

»Sieh mal, Mom!«, rief sie. »Das ist die Geschichte von Zoey Zoolander!«

»Das stimmt«, erwiderte ich und nickte. »Aber hast du das nicht schon gelesen?«

»Doch«, flüsterte sie, »aber ich will es noch mal lesen.«

»Das ist ja wunderbar, Liebes«, lobte ich sie, lächelte und ging wieder.

Wieder einmal hatte Machiavelli mir geholfen, meine eigenen Fehler zu erkennen. Und auch wenn es paradox war, so verschafften mir doch insbesondere seine Erkenntnisse über die Zurechtweisung von Kindern Klarheit darüber, dass meine Versuche, meine Tochter zum Lesen zu animieren, nicht nur ineffizient, sondern auch unüberlegt waren. Ebenso hilfreich war sein Ratschlag zum Loben der Kinder: Denn so stellte ich fest, dass ich keine außergewöhnlichen Maßnahmen ergreifen musste, wie zum Beispiel eigene Kinderbücher zu schreiben, um Teddys Interesse am Lesen zu wecken. Ich musste mich einfach nur etwas entspannen und versuchen, sie immer zu loben, wenn sie zum Vergnügen las – und sei es *Captain Underpants, Der perfide Plan von Professor Pipipups* oder die Rückseite der Kellogs-Frosties-Packung. Damit das Ganze noch mehr Spaß machte, suchten wir regelmäßig die Buchhandlung bei uns im Viertel auf, und ich gab ihr meinen alten Kindle mit einem Dutzend Bücher darauf. Ich weiß nicht, ob sie jemals eine so leidenschaftliche Leserin oder Schreiberin werden wird, wie ich es bin. Vermutlich kann ich nur hoffen, dass meine Leseleidenschaft und unser gemeinsames Lesen einen bleibenden Eindruck bei ihr hinterlassen haben. Und vielleicht, nur vielleicht, entzündet sich dadurch eine Leidenschaft fürs Lesen bei ihr, die für alle Zeit ein »Gebot« ihres Lebens werden wird.

Fazit: Um das Verhalten eines Kindes zu beeinflussen, sollte man nicht tadeln, kritisieren, bestechen oder beschuldigen – denn dadurch verringert man nur seinen Einfluss und schafft mehr Widerstand, Wut, Verstimmung und Beschämung. Vielmehr sollte man warten, bis sie gutes Verhalten an den Tag legen und sie dafür dann über alle Maße loben und darauf aufbauen.

Denken Sie an den Pawlow'schen Hund. Es hat immer mit Konditionierung zu tun. Und ich bin mir sicher, dass Machiavelli in diesem Punkt mit mir übereinstimmen würde.

Kapitel 7
Ein Fürst sollte von den Taten großer Männer lernen: Mit gutem Beispiel vorangehen

Da das Schuljahr sich bereits dem Ende zuneigte, fing ich an, mir Gedanken darüber zu machen, wie ich meine Kinder während der langen, heißen Sommertage beschäftigen konnte. Nicht unbedingt ein Problem, für das man bei Machiavelli nach Lösungen suchen würde, doch es stellte sich heraus, dass er auch hier ein paar hilfreiche Ratschläge zu geben hatte.

Machiavelli ging es darum, von der Vergangenheit zu lernen. Tatsächlich untermauert er viele Verordnungen in *Der Fürst* mit einem erstaunlich breit gefächerten Spektrum an historischen Beispielen, vom klassischen Altertum bis zum Italien der Renaissance. Er rät sogar zum Studium der Geschichte, da dies viel dazu beitragen könne, den Geist zu bereichern – was für ihn schon für sich genommen ein wichtiges »Ziel« darstellt. Doch er glaubte ebenfalls, dass fundierte Kenntnisse der Geschichte einem Herrscher dabei helfen könnten, zu einem großartigen Führer zu werden. Ein Punkt, der zur nächsten Regel auf unserer Liste wurde.

Insbesondere schreibt er, man müsse »Geschichte lesen und die Taten ausgezeichneter Männer betrachten; erwägen, wie sie sich im Kriege benommen haben, die Ursachen ihrer Siege und Niederlagen erforschen, um diese zu vermeiden, jene nachzuahmen«.

Die Geschichte studieren?, dachte ich. *Darin war ich bewandert!*

Denn meine »wahre Liebe« – in beruflicher und intellektueller Hinsicht –, und das, obwohl ich einen Abschluss in Rechtswissenschaften gemacht und das Staatsexamen bestanden hatte, bevor ich Kinder bekam, war immer schon und immer noch Geschichte. Das ging so weit, dass ich auf meinen Doktortitel in Geschichte hingearbeitet und diesen im Frühling 2008, nach vielen langen (aber glücklichen und lohnenden!) Jahren des Studiums, erhalten hatte. So muss ich wohl nicht extra erwähnen, dass ich von Machiavellis Ratschlag begeistert war und beschloss, meinen Enthusiasmus für Geschichte mit meinen Kindern zu teilen, indem ich ihnen etwas über die amerikanischen Präsidenten beibrachte.

Wie das wahrscheinlich viele Eltern und Lehrer tun, versuchte auch ich zunächst, sie dazu zu ermuntern, sich die Namen der Präsidenten in chronologischer Reihenfolge zu merken. Hört sich lustig an, oder? Doch aus irgendeinem Grund driftete ihre Aufmerksamkeit ab, noch bevor wir es bis Abraham Lincoln geschafft hatten.

»John Quincy wer?«, fragte Teddy.

»Adams«, wiederholte ich.

»Ach, ja«, gähnte sie. »Bekomme ich noch ein Eis?«

Sich einfach nur Namen und Daten zu merken ist natürlich nicht Sinn und Zweck der Geschichtswissenschaft. Es geht vielmehr um die Ereignisse dahinter, von denen manche, zum Beispiel im Fall von Richard Nixon, das Sprichwort untermauern, dass das Leben die besten Geschichten schreibt. Mal ehrlich, Watergate-Affäre, Abhörwanzen und das Saturday

Night Massacre? Das würde einem doch keiner abnehmen, es sei denn, es hat sich tatsächlich ereignet, oder?

Um den Dingen etwas mehr Würze zu verleihen, unternahm ich ein wenig kulinarische Detektivarbeit und vermischte das Ganze mit lustigen Anekdoten und Fakten über das Lieblingsessen der Präsidenten. Nachdem ich die Rezepte herausgefunden hatte und wir darüber gesprochen hatten, welcher Präsident jeweils was gegessen haben könnte, unternahm ich den Versuch, die Gerichte nachzukochen. Aufgrund meiner miserablen Kochkünste stellten sich jedoch manche von ihnen als noch ungenießbarer heraus als andere.

»George-Washington-Fladen? Pfui Teufel!«

»Andrew-Jackson-Waffeln? Nein danke!«

»Richard-Nixon-Hackbraten nach Art der Familie? Bäh! Nicht schon *wieder*!!«

Dennoch fuhr ich mit meiner Suche fort und bastelte aus diesen Geschichten und den dazugehörigen Rezepten einen Rezepte-Geschichts-Blog für Eltern und Kinder. Schon bald zog dieser etwas Interesse auf sich, und meine Kinder waren mit mir zu Hause, als ich eines Tages für einen Sonderbericht in unserer örtlichen Zeitung zu diesem Blog interviewt wurde.

»Also, wie war denn die Harry-Truman-Thunfischnudel-Casserole?«, erkundigte sich der Reporter amüsiert.

»Pfui«, sagte Teddy und verzog das Gesicht. »Das war *widerlich*!«

Wie gesagt, ich bin keine gute Köchin.

Doch Machiavelli rät einem Fürsten nicht, die Geschichte allein um des Wissens willen zu studieren, sondern um sich Rat zu holen, wie er der schrecklichen Böswilligkeit des Schicksals trotzen kann. Gleichermaßen unterrichtete auch ich meine Kinder nicht um des Wissens willen über die Präsidenten. Mein Ziel war: Essen als Mittel zu benutzen, um sie mit den verschiedenen Tugenden und Charaktereigenschaften bekannt zu machen, die jeden unserer Präsidenten – insbesondere die Gründerväter – auszeichneten.

Zu diesem Zweck sprach ich über George Washingtons Ehrlichkeit, Rechtschaffenheit und selbstlose Hingabe für unsere junge Republik; über Thomas Jeffersons Intelligenz, Ideenreichtum und Engagement, die Freiheit angesichts der Unterdrückung zu verteidigen, und über John Adams und James Madisons Bemühen, die Rechte der Menschen zu sichern, etwas, das sich, wie ich meinen Kindern erzählte, in ihrem Streben nach Grundrechten Gehör verschaffte, von denen wir alle in vielerlei Hinsicht profitierten.

»Inwiefern?«, fragte Teddy, als wir Thomas Jeffersons Käsemakkaroni zubereiteten, während ich mit ihr über seine vielen machiavellischen Tugenden als Führer sprach.

»Zum Beispiel in unserer Rede- oder Religionsfreiheit.«

»Aber wir gehen nicht in die Kirche.«

»Und«, fügte ich hinzu, »in unserem Recht, vor willkürlicher Durchsuchung oder Festnahme geschützt zu sein.«

»Aber Katie schleicht sich immer in mein Zimmer und klaut mein Zeug.«

»Da hast du recht«, seufzte ich. »Aber die Grundrechte gelten nur beim Eingreifen der Regierung.«

»Häh?«

So viel zum Thema Staatsbürgerkunde.

Doch darin liegt der Schlüssel: Genau wie es für eine Republik nicht ausreicht, den Vorzug eines rechtschaffenen Führers zu genießen, so reicht es für eine Familie nicht, rechtschaffene Eltern zu haben. Stattdessen müssen wir als Eltern – für das Wohlergehen unserer Familien – unseren Kindern Rechtschaffenheit einimpfen. Und indem ich meinen Kindern etwas über die Präsidenten beibrachte, versuchte ich auch gleichzeitig, ihnen die Tugenden der Ehrlichkeit, des Anstands, des Mutes und der Entschlossenheit mitzugeben. Nicht nur, weil diese Charakterzüge zwangsläufig dazu führen würden, ihr Leben zu verbessern, sondern auch, weil dies unserer Familie guttun und sie daran wachsen lassen würde.

Und um vom Glück aufs Pech zu kommen – etwas, womit Machiavelli in seinem eigenen illustren Leben nur allzu vertraut war –, brachte ich die zweite Hälfte seiner Maxime ein, die besagte, dass »ein Fürst die Ursachen der Niederlagen großer Männer erforschen [muss], um diese zu vermeiden«, indem ich meine Kinder über die Wichtigkeit unterrichtete, von ihren Fehlern und Misserfolgen zu lernen.

»Du bist fünf Mal beim Baseball ausgeschieden? Nächstes Mal wird es besser laufen!«

»Du bist Letzter geworden? Guter Versuch!«

»Du hast in der Endzone gepatzt? Aber bestimmt hast du den Ball davor toll gefangen!«

Woraufhin mein Wettkampfsport liebender Mann immer à la Vince Lombardi konterte: »Zeig mir einen guten Verlierer, dann zeige ich dir einen *echten* Verlierer!«

Nett.

Um die Kinder einerseits nicht zu sehr zu verweichlichen, andererseits aber ihr Konkurrenzdenken nicht zu sehr anzustacheln, entschied ich, mir von niemandem bei meinen Bemühungen, ihnen ein gesundes Selbstbewusstsein, Beharrlichkeit, Sportsgeist und Bescheidenheit zu vermitteln, dazwischenfunken zu lassen.

Und um meinen lieben Mann mit ins Boot zu holen (genauer gesagt: ihn dazu zu bekommen, mal den Mund zu halten), erinnerte ich ihn an den großartigen Golfer Bobby

Jones. Berühmt für seinen Sportsgeist und seine Fairness hatte Jones einmal gesagt: »Ich habe niemals etwas aus einem Turnier gelernt, das ich gewonnen habe.« Doch das berühmteste Beispiel seiner Rechtschaffenheit zeigte sich 1925 bei den U. S. Open. Am letzten Spieltag bestand Jones auf einem Strafschlag für sich, obwohl keiner außer ihm den Verstoß gesehen hatte. Und Sie werden es kaum glauben: Ja, er hat das Turnier in einem Play-off um einen Schlag verloren. Doch obwohl er das Spiel verloren hatte, hat er für seine Ehrlichkeit und sein Fairplay durchweg Lob geerntet. Durch diese Schmeicheleien genervt, soll Jones angeblich gesagt haben: »Dann könnten Sie mich auch dafür loben, keine Bank überfallen zu haben.«

Ich bin mir nicht ganz sicher, was Machiavelli von Bobby Jones gehalten hätte. Doch ganz egal, ob es gegen jede Intuition verstieß (der Zweck des »Gewinnens« wurde ganz eindeutig nicht durch die Mittel gerechtfertigt oder erlangt), so habe ich doch die Vermutung, dass er Jones in diesem ganz besonderen Moment gelobt hätte. Denn obwohl er das Turnier durch seine Ehrlichkeit verloren hat, brachte seine Tugend ihm letzten Endes größeren Ruhm und größeres Ansehen bei den Menschen ein, als der Sieg es getan hätte.

Und das, so dachte ich, war ein weiteres großartiges Beispiel, wie das Studium der Geschichte und der Taten berühmter Menschen uns Eltern helfen kann, unseren Kindern Tugenden wie Ehrlichkeit und Rechtschaffenheit beizubringen.

Ich fuhr mit meiner »Geschichtssuche« fort und wandte mich vom Golf wieder der Politik zu, nahm die Gründerväter erneut in Augenschein – wobei es schwierig ist, George Washington zu übertrumpfen, wenn es zu den Tugenden kommt.

Wie sich herausstellte, lässt sich Washingtons führende Position bei der Gründung unserer Nation und der Sicherstellung ihres Fortbestehens mit einer Problematik in Bezug setzen, die Machiavelli in *Der Fürst* anspricht. Insbesondere betont Machiavelli, dass es nicht ausreicht, einen rechtschaffenen Führer zu haben. Stattdessen liege der Schlüssel zur Bewahrung der Freiheit darin, die Eigenschaft der *virtù* in der gesamten Bürgerschaft zu verankern. Während *virtù* dem Englischen »*virtue* – Tugend« sehr ähnelt, so haben diese beiden Worte doch nicht dieselbe Bedeutung. Für Machiavelli umfasst *virtù* Kühnheit, Mut, Voraussicht, Flexibilität, Handeln, Einfallsreichtum und die Charakterzüge, die ein Führer benötigt, um einen Staat zu erhalten. Dieselben Eigenschaften, so insistiert er, müssen auch in den Individuen und der gesamten Bürgerschaft angelegt sein, wenn der Staat nicht nur aufblühen, sondern überleben will.

Dasselbe könnte man von unseren Kindern behaupten. Denn um nicht nur aufzublühen, sondern auch tatsächlich in der Welt zu überleben, müssen sie – genau wie wir – Kühnheit, Mut, Flexibilität und Einfallsreichtum beweisen, ebenso wie eine gesunde Dosis List und Stolz.

Das warf eine weitere Frage auf, die wichtigste von allen: Wenn wir beschließen, dass sowohl *virtù* als auch »Tugend« bei unseren süßen, wertvollen und jüngsten Untertanen vorherrschen soll, wie können wir diese Eigenschaften dann tief genug verankern und lange genug aufrechterhalten, um sicherzustellen, dass bürgerliche Ehre erreicht wird? Mit anderen Worten, wie genau stellen wir es an, dass das gute Benehmen anhält?

Machiavelli räumt an dieser Stelle ein, dass ein bisschen Glück immer mit dazugehört. Doch er vertritt die Auffassung, kein Staat könne groß werden, solange er nicht von einem großartigen Gründervater auf den richtigen Weg gebracht wird. Ebenso kann keine Familie groß werden, wenn sie nicht von großartigen Eltern auf den richtigen Weg gebracht wird. Der Grund, weshalb wir diese »erste Fortuna« benötigen, ist der, so warnt Machiavelli, »dass der Akt der Einrichtung einer Republik oder eines Fürstentums niemals durch die ›*virtù* vieler Köpfe‹ herbeigeführt werden kann«. Warum? Weil Menschen von Natur aus gierig, scheinheilig, treulos und betrügerisch sind und »weil ›die Verschiedenheit ihrer Meinungen‹ sie immer ungeeignet macht, ›Ordnung in einen Staat‹ zu bringen«.

Unsere Kinder werden sich also ganz selbstverständlich ungezogen benehmen, und es obliegt uns, sie in ihre Schranken zu weisen. Um das zu wissen, brauchen wir keinen Machiavelli. Aber hier ist der Schlüssel: Das Errichten einer gewissen Ordnung innerhalb einer Familie kann niemals durch die Tugend unserer Kinder allein herbeigeführt werden, da ihre naturgemäß unreifen, eigennützigen Anschauungen ihnen stets in die Quere kommen werden.

Doch Machiavelli macht uns etwas Hoffnung. Denn er sagt, zur Errettung eines Staates wird ein rechtschaffener Führer benötigt, »der dem Staat Einrichtungen gibt, [... durch die dieser] seine zukünftige Fortuna stattdessen auf die *virtù* der Allgemeinheit stützen kann«.

Okay. Das Schicksal eines Staates hängt also von der *virtù* seines Volkes ab. Ähnlich kann man es als unsere Pflicht als Eltern ansehen, unseren jungen Staatsbürgern – unseren Kindern – besagte *virtù* anzuerziehen. Und während ich darüber nachdachte, erinnerte ich mich an die berühmte Geschichte von George Washington und dem Kirschbaum – dessen Moral Washingtons Ehrlichkeit als Kind herausstellt und preist. Mit diesem Ziel grub ich eines Tages ein altes Rezept für einen Kirschauflauf aus und erzählte meinen Kindern dann die Geschichte.

»Also … war George Washingtons Dad sauer, weil er den alten Kirschbaum gefällt hat«, sagte Teddy langsam, »aber er hat sich mehr darüber gefreut, dass George die Wahrheit gesagt hat?«

»Genau«, erwiderte ich. »Leuchtet das ein?«

Sie nickte und war dann eine Zeit lang ganz still. »Wenn ich also Mist gebaut habe«, fragte sie schließlich, »dann sollte ich es dir sagen?«

»Ja. Immer.«

»Und du wärst dann nicht böse auf mich?«

»Na ja, ich könnte schon böse werden«, teilte ich ihr lachend mit. »Aber ich wäre noch sehr viel wütender und enttäuschter, wenn du mich belügen würdest. Ehrlichkeit ist eine der wichtigsten, wenn nicht die wichtigste Tugend, die ein Mensch besitzen kann.«

Wieder nickte sie und flüsterte dann: »Ich habe meine Jacke heute in der Schule gelassen.«

»Du hast sie schon *wieder* in der Schule gelassen?«

»Ja«, sagte sie leise. »Bist du böse?«

»Nein«, entgegnete ich, wiederum lachend. »Ich bin froh, dass du es mir gesagt hast, aber du musst etwas mehr auf deine Sachen achtgeben. Okay?«

»Okay.« Erleichtert lächelte sie.

Nachdem wir die Jacke bei den Fundsachen abgeholt hatten, gingen wir nach Hause und backten einen George-Washington-Kirschauflauf. Und nebenbei erzählte ich meinen Kindern von seiner führenden Rolle im Unabhängigkeitskrieg.

»Wusstest du, dass George Washington der erste Präsident war?«, fragte Teddy, als sie gerade ein Ei aufschlug.

»Ja«, sagte ich. »Und weißt du, welches der fünfte war?«

Kurz dachte sie darüber nach. Dann tauchte ein Lächeln auf ihren Lippen auf. »John Quincy Madison!«

Dicht dran.

Und abgesehen davon geht es bei Geschichtlichem sowieso nicht darum, Namen und Daten abzuspeichern, nicht wahr? Wie Machiavelli so weise anmerkt, dient das Studium der Geschichte und der Taten von bedeutenden Menschen vielmehr als geistige Nahrung und kann einem Herrscher dabei helfen, ein besonders gewissenhafter und erfolgreicher Führer zu sein. Und das, so fand ich, war ein weiterer wunderbarer Ratschlag für alle modernen Mütter und Väter.

Kapitel 8
Aufschieben beraubt uns oftmals der Chancen und verhindert das sinnvolle Einteilen von Kräften: Lernen, Dinge nicht hinauszuzögern

Allem Anschein nach war mein Versuch erfolgreich. Ich hatte strenge Regeln und feste erzieherische Maßnahmen bei uns eingeführt. Ich hatte ein paar große Stolpersteine in der Beziehung zu meinem Stiefsohn entfernt. Teddy las mehr. Und ich brachte meinen Kindern die großen Ideen berühmter Männer (und Frauen) der Geschichte näher. All das dank Machiavelli (auch wenn das zu diesem Zeitpunkt keiner außer mir wusste).

Doch es gab ein Problem, das uns als Familie plagte – mich genau wie die Kinder – und das unseren machiavellischen Moment bedrohte. Es war ein chronisches Problem, dem sich viele gegenübersehen, Junge wie Alte ... doch eines, bei dem die meisten der Meinung sind, man könne sich auch morgen noch damit befassen.

Es ging um das Problem, Dinge aufzuschieben. Natürlich war das auch zu Machiavellis Zeit ein Thema – und zwar so sehr, dass er seine Leser in einem seiner bekanntesten Leitsprüche davor warnt: Ein weiser Mann erledigt sofort, was ein Narr aufschiebt.

Er bezieht sich hierbei natürlich auf die schlechte Angewohnheit, Aufgaben vor sich herzuschieben, etwas, das bei militärischen und staatlichen Angelegenheiten für einen Fürsten desaströs sein kann – ebenso desaströs wie in Familienangelegenheiten für Eltern und Kinder.

Als Teddy in der zweiten und Daniel in der dritten Klasse war, befasste ich mich mit dem Thema, dem sich alle Eltern mit Kindern im Schulalter stellen müssen – HAUSAUFGABEN! Aus irgendeinem Grund schienen die Hausaufgaben immer bis zur letzten Minute hinausgeschoben zu werden. Wenn am Montag eine Zusammenfassung zu einem Buch fällig war, dann erfuhr ich das häufig spät am Sonntagabend. Wenn freitags ein Rechtschreibtest anstand, dann hörte ich am Donnerstagabend davon, ehe es ins Bett ging. Das Resultat: Stress, Angst und Frustration.

Es musste einen sinnvolleren Weg geben. Nachdem mein Versuch seit sechs Monaten lief, wollte ich das Thema der Hausaufgaben machiavellisch proaktiv angehen. Zunächst stellte ich eine strenge und feste Regel dazu auf, *wann* Hausaufgaben zu erledigen waren (vor dem Abendessen). Und als Nächstes setzte ich fest, *wo* das stattzufinden hatte (am Esstisch oder am Schreibtisch). Und zuletzt bestimmte ich, *wie* es vonstattenzugehen hatte (ordentlich, akkurat, ohne Fernseher, und alles musste gemacht werden).

Die Reaktion darauf: dramatisches Seufzen und Augenrollen. Doch das war nicht mein erstes Rodeo. Als Daniel den Ein-Dollar-Schein eingesteckt hatte, hatte ich Machiavellis Streben nach Wahrheit den Weg geebnet und dahingehend an ihn appelliert. Als Katie nach draußen ausbüxte und versuchte, sich zu verstecken, wandte ich die entschlossene Strategie an, ihr einen längeren und sofortigen Zimmerarrest zu verpassen. Als Teddy frustriert ihre sie anbetenden, aber nervenden jüngeren Geschwister anbrüllte, sprach ich mit ihr über Abraham Lincolns Tugenden der Freundlichkeit, des Mitgefühls und der Liebe für alle großen und kleinen Geschöpfe!

Also hielt ich auch an meiner Taktik fest, als es zu den Hausaufgaben kam – und stellen Sie sich nur vor: Es funktionierte! Kein Meckern, Bitten, Flehen, Verhandeln, Drohen, Schikanieren oder auch nur Fragen. Und das Beste ist, als ihre neue Angewohnheit begann, sich in Form von besseren Noten bezahlt zu machen, waren sie sehr stolz darauf, sie gewissenhaft einzuhalten. Wirklich. Über ein solches Wunder würde ich nun wirklich keine Witze machen.

Doch nicht nur meine Kinder mussten die lästige Angewohnheit des Aufschiebens in den Griff bekommen. Auch ich hatte einen Hang dazu, unangenehme Aufgaben auf den nächsten Tag zu verschieben. Oder den übernächsten. Oder, noch besser, noch mal ein oder zwei Tage später. Nicht in Bezug auf die Arbeit, denn mir war klar, dass – wie ein weiser Professor einst sagte – »Deadlines meine Freunde sind!« Aber wenn ich einen lästigen Anruf tätigen musste, um eine defekte Spülmaschine oder einen Staubsauger umzutauschen, dann war ich ein Meister darin, Dutzend andere Aufgaben zu finden, die ich auf meine To-Do-Liste setzte, wie zum Beispiel, mal eben schnell ins Kaufhaus zu düsen und ein neues Paar Laufschuhe zu kaufen oder ein paar neue Lippenstifte von MAC – was auf einmal unglaublich dringend und eilig war.

Um diese schlechten Angewohnheiten abzulegen, suchte ich bei Machiavelli Rat. Dieses Mal las ich die Maxime: Aufschieben beraubt uns oftmals der Chancen und verhindert das sinnvolle Einteilen von Kräften. Das hört sich so an, als würde er über Krieg sprechen. Doch wie ließ sich das auf mein Leben als Mutter übertragen? Ich hatte keine Ahnung. Also beschloss ich, erst einmal etwas darüber nachzudenken und meinen nächsten machiavellischen Schachzug zu planen, während ich mit meinem Sohn im Park spazieren war.

Es war ein Dienstagnachmittag, und ich hatte Trevor erst ein, zwei Minuten in der Schaukel angestoßen, als ein süßes kleines Mädchen zu uns gehüpft kam und losplapperte – und mit losplappern meine ich keine einfachen Sätze aus drei, vier Worten, die sich um den Dinosaurier Barney oder die Sesamstraßenfigur Elmo drehten. Nein, sie formulierte lange, komplexe und perfekt artikulierte Sätze, die mich an Ulysses denken ließen und in Schriftform mehrere Semikolons, Gedankenstriche und Auslassungszeichen benötigt hätten.

Als die Mutter des Mädchens schließlich herüberkam, wandte ich mich ganz erstaunt an sie und sagte: »Wow! Ihre Tochter spricht richtig gut. Wie alt ist sie? Drei? Vier?«

Die Mutter lächelte erschöpft und sagte so leise, dass man es kaum hören konnte: »Sie ist gerade zwei geworden ... und sie hört niemals auf zu reden, *nie-mals.*«

Und in dem Moment setzte eine gewisse elterliche Panik und Paranoia bei mir ein, denn obwohl Trevor bereits drei war, sagte er weder deutlich »Mommy« oder »Daddy«, noch hatte er einen ganzen Satz hervorgebracht. Bis dato hatte ich immer versucht, mich damit zu beruhigen, dass jedes Kind sich in der eigenen Geschwindigkeit entwickelt, insbesondere, wenn es ums Sprechen geht. Ich wusste, dass Trevor nicht viel sagte, und ich wusste ebenfalls, dass Jungen dazu tendierten, später sprechen zu lernen als Mädchen. Doch wenn ich einmal schonungslos ehrlich zu mir war, dann wusste ich, dass ich mitten im Verleugnen steckte und den Gedanken nicht ertragen konnte, dass zwei meiner Kinder Lernschwächen hatten. Als ich einen Blick zwischen dieser kleinen Schnatterliese, die noch immer ganz unbeschwert ihren Monolog fortführte, und Trevor hin und her wandern ließ, der mit dem Daumen im Mund ausdruckslos nach unten blickte, wurde ich immer besorgter, etwas könnte mit meinem wunderbaren, süßen und vollkommenen kleinen Jungen ganz und gar nicht stimmen.

Ich versuchte, besonnen zu reagieren, winkte dem kleinen Mädchen und ihrer Mutter zu, hob Trevor dann aus der Schaukel, schnallte ihn in seinen Kinderwagen und rannte hektisch zurück nach Hause. *Vielleicht ist er ja autistisch!*, dachte ich, und mein Magen schnürte sich zusammen. Vielleicht litt er an Alkoholembryopathie, weil ich einen Schluck Champagner getrunken hatte, als ich im siebten Monat mit ihm schwanger war! Oder er hatte ein ernsthaftes kognitives Problem und würde niemals sprechen, weil ich ihn nicht rechtzeitig zum Logopäden gebracht hatte.

Glücklicherweise schlief er, als wir nach Hause kamen, also brachte ich ihn schnell ins Bett und gab bei Google »MEIN DREIJÄHRIGER SPRICHT NICHT« ein. Unverzüglich ploppten Dutzende Treffer auf. Manche Inhalte waren beruhigend, insbesondere die von den Müttern, deren Kleinkinder dann irgendwann aus ihrer verzögerten Sprachentwicklung herausgewachsen waren.

Eine Mutter schrieb: »Ein möglicher Grund für verzögerte Sprachentwicklung könnte sein, dass Sie Ihr Kind zu viel Fernsehen lassen.« *Ja, vermutlich liegt es daran,* dachte ich, und schwor mir, sofort den Fernseher loszuwerden. »Auch mangelnde Sozialisation mit Gleichaltrigen könnte ein Grund sein«, behauptete eine weitere Mutter. *Nun gut,* dachte ich bei mir und warf seufzend einen Blick auf meine unerledigten Schriftsätze. *Vielleicht sollte ich mich häufiger mit anderen zum Spielen und Planschen verabreden.*

Und je mehr ich darüber nachdachte, umso mehr ergab die Erklärung der mangelnden Sozialisierung einen Sinn. Denn abgesehen von den wenigen Stunden pro Woche in unserer Kinderbetreuungseinrichtung verbrachte Trevor die meiste Zeit zu Hause beim Spielen mit Katie.

Katie war damals vier, und auch sie sprach nicht. Was für ein Mädchen ihres Alters mit Down-Syndrom nicht ungewöhnlich war. Beziehungsweise, um fair zu sein, muss man sagen, dass sie sprach (sogar sehr viel), nur eben in ihrer eigenen Sprache, die für mich fremdartig und unverständlich war, die sich Trevor jedoch schnell angeeignet hatte. Stundenlang saßen sie da, spielten mit ihrem Spielzeug, warfen hin und wieder einen Blick in den Fernseher und plapperten währenddessen die ganze Zeit in ihrem Katie-Trevor-Jargon.

Eines Abends kam meine Freundin Kirsten auf ein Glas Wein vorbei, hörte ihnen eine Weile zu, lachte dann hysterisch und sagte: »Ach herrje! Die hören sich ja an wie die Teletubbies!«

Und das Lustige/Traurige/Witzige/Tragische daran war: Sie hatte recht. Meine Kinder hörten sich tatsächlich an wie Tinky Winky und Po.

Als ich schnell nach meinem Weinglas griff, erkannte ich: Das Gute war, dass sie wenigstens sprachen, selbst wenn ich nicht die geringste Ahnung hatte, worüber. Doch ich war noch immer nicht davon überzeugt, dass Trevors verzögerte Sprachentwicklung einfach mit zu viel Fernsehen, zu seltenen Spielverabredungen oder dadurch erklärt werden konnte, dass er zu viel Zeit damit zubrachte, seine Schwester nachzuahmen. Und je mehr Studien ich zu diesem Thema las, umso mehr geriet ich in Panik.

Eine besonders alarmierende Untersuchung wies darauf hin, dass eine Verzögerung bei der Sprachentwicklung ein

Symptom für viele Störungen sein konnte, inklusive Gehörverlust, expressive Sprachentwicklungsstörungen, Autismus, psychische Deprivation und infantile Zerebralparese. Laut den Experten ist frühes Einschreiten bei derlei Fällen von entscheidender Bedeutung, da sich das Gehirn während der frühen Kindheit sehr schnell entwickelt. Schreitet man zu spät ein, läuft man Gefahr, eine Gelegenheit verstreichen zu lassen, um das Problem nachhaltig zu behandeln. Oder, wie Machiavelli mahnt: Aufschieben beraubt uns oftmals der Chancen und verhindert das sinnvolle Einteilen von Kräften.

War ich bereits zu spät dran? Hatte meine Unfähigkeit (oder mein Widerwille), ein Problem in der verzögerten Sprachentwicklung meines Sohnes zu erkennen, ihm irreparablen Schaden zugefügt?

Wie viele Ratschläge in *Der Fürst*, so bezieht sich auch dieser auf militärisches Vorgehen und Kriegsführung im eigentlichen Sinn. Tatsächlich geht es in Machiavellis Buch an vielen Stellen darum, wie man erfolgreich Krieg führt: Wie man eine Stadt verteidigungsbereit macht, wie man Untertanen in einem neuen Fürstenstaat regiert und wie man innerstaatliche Revolten vermeidet, die die Herrschaft eines Fürsten bedrohen könnten.

Es war mir ein Rätsel, wie diese Konzepte sich auf meine Bedenken bezüglich der Sprachverzögerung meines Sohnes anwenden ließen, bis ich wieder über sein Konzept der *virtù* nachdachte. Sie erinnern sich daran? Für Machiavelli ist *virtù* eine der unerlässlichen Eigenschaften, der Prüfstein für politischen und militärischen Erfolg. Dieses Konzept beinhaltet insbesondere die Vorstellung von unumstößlicher innerer Festigkeit, mit der selbst der hartnäckigste Widerstand überwunden werden kann, und greift Züge wie Tapferkeit, Mut,

Raffinesse, Flexibilität, Voraussicht, Aktion und Entschlossenheit auf.

Die letzten drei davon – Voraussicht, Aktion und Entschlossenheit – spülten eine Welle der Angst über mich hinweg, denn mir wurde klar, dass ich als Mutter keinen dieser Züge verkörperte, insbesondere nicht in Bezug auf das möglicherweise ernsthafte Problem meines Sohnes. Nachdem ich mich dafür gerügt hatte, so faul und selbstgefällig zu sein, nahm ich mir Machiavellis Erkenntnis zu Herzen und holte umgehend fachmännischen ärztlichen Rat ein, etwas, das ich zu diesem Zeitpunkt schon längst hätte tun sollen.

Und als ich meinen Hintern endlich hochbekam, etwas *virtù* zeigte und mit ein paar Ärzten sprach, erfuhr ich schnell, dass alles in Ordnung war. Wie der Zufall es wollte, setzte Trevors Sprachentwicklung ein, sobald er in die Vorschule kam, was natürlich eine große Erleichterung für meinen Mann und mich darstellte. Und als es an der Zeit für unser erstes Elterngespräch war, sprach er fast genauso gut wie seine Mitschüler.

Ja, verzögerte Sprachentwicklung kann Anzeichen eines ernsthaften Problems sein, das rechtzeitiges Eingreifen verlangt, damit es erfolgreich ausgemerzt werden kann – aber eben nicht immer. Es wird erzählt, dass Einstein nicht geredet hat, bis er fünf war, und als man ihn später nach dem Warum fragte, soll er angeblich gesagt haben: »Weil ich nichts zu sagen hatte.«

Heute sieht es so aus, als würde Trevor, ganz wie das kleine Mädchen im Park, *niemals* aufhören zu reden – was für mich völlig in Ordnung ist, denn da ich einst davon ausging, er würde niemals sprechen oder »Mom« sagen, ist sein süßes Stimmchen wie Musik für mich.

Mein Sohn wuchs in das Sprechen hinein, und während er das tat, wuchs auch ich, denn ich hatte eine weitere Lektion von Machiavelli gelernt, eine, die ebenso sehr für mich wie für meine Kinder galt. In Anbetracht dessen beschloss ich, vorausschauend und entschlossen zu handeln, sollten sich zukünftig ernsthafte Schwierigkeiten bei meinen Kindern (oder mir selbst) abzeichnen. Und ich würde umgehend die notwendigen Kräfte freisetzen, um dagegen anzukämpfen.

Fazit: Schluss mit der Aufschieberei. Raus aus der Verweigerungshaltung. Und was auch immer Sie tun, lassen Sie nicht zu, dass sich die Probleme so weit entwickeln, dass sie für jedermann offensichtlich sind. Das zeugt nicht nur von schlechter Führung. Das kann verheerende Folgen für einen Fürsten haben – und katastrophal für eine Mutter und ihre Kinder sein.

Kapitel 9

Wer durch das Volk Fürst wird, muss das Volk zum Freunde zu behalten suchen: Manchmal ist der beste Weg, um eine Regel durchzusetzen, sie zu brechen

Seit nunmehr sieben Monaten verfolgte ich mein kleines machiavellisches Projekt. Und ich hatte ein paar Veränderungen bei meinem Nachwuchs festgestellt. Teddy und Daniel waren glücklich, legten gute Manieren an den Tag und waren gut in der Schule. Katie war fröhlich und benahm sich besser, obwohl sie noch immer die frustrierende Angewohnheit hatte wegzurennen. Und Trevor plapperte in der Vorschule wie ein Wasserfall. Wir hatten es weit gebracht. Doch es gab noch immer viel zu tun. Und da wir bereits solch große Veränderungen bewerkstelligt hatten, beschloss ich, dass es an der Zeit war für eine weitere. Zum Thema: Schlafgewohnheiten.

Bei meiner Familie stellten sie ein großes Problem dar, da alle davon betroffen waren. Nicht nur hatten sie einen Einfluss darauf, wie wir uns tagtäglich fühlten, sie hatten auch einen direkten Einfluss auf unsere tägliche Familiendynamik. Das zeigte sich natürlich am deutlichsten in der Beziehung zu meinem Mann. Denn wir teilten nicht nur äußerst selten unser Ehebett – wenn Sie verstehen, worauf ich hinauswill –, wir fühlten uns beide überfordert, erschöpft, frustriert, ausgebrannt und genervt. Und ich scherze nicht, wenn ich sage, dass es einfacher wäre, einen Sack Flöhe zu hüten, als unseren kleinen Nachwuchs dazu zu bringen, eine ganze Nacht in seinem jeweiligen Zimmer durchzuschlafen.

Bin ich die einzige Mutter, die so schrecklich nachlässig ist (ein scharfer Kritiker könnte sagen »unfähig«), wenn es darum geht, ein strenges Ritual für das Ins-Bett-Gehen zu etablieren (und sich daran zu halten), damit meine Kinder jeden Abend zu einer vernünftigen, gleich bleibenden Zeit ins Bett kommen? Ausgehend von anekdotischen Unterhaltungen mit Freunden bin ich da wohl nicht die Einzige. Doch das Problem mit dem Zubettgehen und den Schlafgewohnheiten ist etwas, über das man nicht spricht, außer vielleicht mit der Familie oder engen Freunden. Und ganz egal, welche Regeln für das Zubettgehen man aufstellt, von allen Seiten wird man verurteilt und bekommt Vorwürfe zu hören.

Co-Sleeping im Familienbett? Sie gefährden Ihr Kind.

Die Kinder in ihr eigenes Zimmer stecken? Sie lieben Ihre Kinder wohl nicht.

Es gelingt Ihnen nicht, sie zu einer gleich bleibenden Zeit ins Bett zu bringen? Sie wissen, dass Sie damit den Grundstein für ein Leben voller Schlaf- und Leistungsmangel legen.

Ich weiß, dass alle Eltern mit dem Zubettgehen ihrer Kinder so ihre Schwierigkeiten haben, doch die Schlafangewohnheiten bei uns zu Hause schienen mir besonders chaotisch. An einem normalen Abend war es durchaus möglich, dass Katie um 23 Uhr wie das verfluchte Rennpferd Seabiscuit durch die Wohnung galoppierte, während Trevor im Elternschlafzimmer an Eric gekuschelt dalag, der mich mit seinem unregelmäßigen, extrem lauten Schnarchen unweigerlich nach unten trieb. Dort fand ich dann Teddy vor, die es sich auf unserer Couch bequem gemacht hatte, und ich döste beim

Vorlesen gegen Mitternacht im Sessel neben ihr ein. Und während es Teddy beruhigte (sie schlief nicht gerne in ihrem Zimmer, dazu aber später mehr), verschaffte es mir einen steifen Nacken und das permanente Gefühl von Schlafmangel.

»Kann mich mal bitte jemand erschießen?«, murmelte ich eines Morgens nach einer weiteren mehrfach unterbrochenen Nacht. »Dieser Wahnsinn muss aufhören!«

Doch ich wusste nicht, wie ich dem Ganzen Einhalt gebieten sollte. Also beschloss ich, ein paar von Machiavellis Prinzipien anzuwenden, die sich schon in anderen Bereichen unseres Lebens bewährt hatten. Erinnern Sie sich an folgende frühere Regel: Ein guter Führer zeigt Grenzen auf? Das hörte sich nach einem guten Plan an, um auch dieses Problem anzugehen. Also versammelte ich meine Familie wieder einmal um mich und setzte die neue Regel der »Ruhezeit« fest. Jeden Abend um Punkt 20.45 Uhr würde ich das Licht löschen. So kehrte bei meinen Kindern ein wenig Ruhe ein. Eine gewisse Zeit lang. Doch schon bald wurde aus 20.45 Uhr 21 Uhr, was sich dann irgendwie auf 22 Uhr nach hinten verschob – und bereits nach wenigen Wochen war unser nächtliches Leben wieder genauso chaotisch wie zuvor. Was meine Mitternachtsbrigade betraf, so schien Machiavelli es nicht damit aufnehmen zu können.

Da ich diese Schlacht aber unbedingt gewinnen wollte, tat ich, was viele bedrängte Eltern wohl tun würden: Ich fing damit an, Drohungen und Ultimaten auszusprechen. »Wenn du nicht in genau drei Minuten im Bett bist, gehen wir nie wieder zusammen ein Eis essen!«, lautete meine Drohung.

Doch natürlich gingen diese Ultimaten und meine leeren Drohungen unweigerlich nach hinten los und ließen meine Glaubwürdigkeit und meinen Einfluss schwinden. Strenge Regeln halfen mir nicht weiter. Positive Verstärkung setzte sich nicht durch. Meine todsicheren machiavellischen Tricks und Kniffe funktionierten hier nicht. Mit anderen Worten stand auch ich, genau wie General George B. McClellan, der seine Truppen am Antietam nicht im Griff hatte, kurz vor einer gewaltigen und wie es schien unabwendbaren Niederlage. Und während ich über das Schicksal meiner Truppe grübelte, erinnerte ich mich daran, dass McClellans größter strategischer Fehler darin bestanden hatte, sich ganz darauf zu konzentrieren, nicht zu verlieren, statt darauf, zu gewinnen. Und das kann niemals eine sinnvolle Strategie sein – egal ob als Führer, Fürst, Chef oder Mutter.

Doch was soll ein bedrängter Führer tun?

Da ich mich von Machiavelli inspirieren ließ, wusste ich, dass ich einen neuen, autoritären Standpunkt einnehmen musste, was ich auch tat, indem ich meine Schlacht an drei Fronten gleichzeitig schlug.

Zunächst sagte ich Trevor, dass er so langsam in seinem eigenen Bett schlafen müsse, ein Gebot, gegen das er sich mit einem regelrechten Sturzbach von herzzerreißenden Tränen sträubte. Doch ich war entschlossen, diesen Kampf zu gewinnen, selbst wenn das zur Folge haben sollte, dass ich jeden Abend zwei Stunden bei ihm am Bett sitzen bleiben musste, bis er schließlich irgendwann völlig erschöpft wegdöste, wie das bei Kleinkindern so typisch ist. Es stellte sich heraus, dass es auch genau darauf hinauslief.

Als Nächstes teilte ich Teddy mit, dass auch sie in ihrem eigenen Zimmer schlafen müsse, eine Regel, die dadurch erschwert wurde, dass sie immer noch im Schlafzimmer ihres Vaters schlief, sooft sie bei ihm war.

Und schließlich musste ich mir mein kleines Rennpferd vorknöpfen und beschloss, sie zu ihrer eigenen Sicherheit –

und damit wir alle nicht den Verstand verloren – mit leise laufendem Fernseher in ihrem Zimmer einschlafen zu lassen. Ich weiß schon – das allein ist ein Grund, nicht zur Mutter des Jahres nominiert zu werden. Doch während dieser pragmatische machiavellische Plan unseren spätabendlich ausbrechenden Mätzchen ein Ende bereitete, schuf er gleichzeitig ein neues Problem. Katie war nämlich höchst erfreut, sich ihre Lieblings-DVD »Die Muppets erobern Manhattan« in Endlosschleife anzusehen und die Lautstärke dabei ohrenbetäubend laut aufzudrehen – und das um drei Uhr morgens. Und schon bald wurde das ganze Haus regelmäßig von nächtlichen Ergüssen wie »Bin ich ein Mensch, oder bin ich ein Muppet?« aus dem Schlaf gerissen, wodurch wir am nächsten Tag alle reizbar, unleidlich und völlig erschlagen waren.

Diese Situation verlangte ganz eindeutig nach einer fortgeschrittenen machiavellischen Methode. Nachdem ich Teddy also bei der Grundschule abgesetzt und Katie zu ihrer Kindertagesstätte gebracht hatte, dann einmal quer durch die Stadt gedüst war, wo ich Trevor mit 20-minütiger Verspätung bei der Vorschule ablieferte, ließ ich mich auf der Suche nach Erkenntnis erschöpft mit *Der Fürst* auf das Sofa fallen – und was ich dieses Mal las, war einfach nur erschreckend.

»Dabei muss man erwägen«, mahnt Machiavelli, »daß es kaum eine Sache von größerer Schwierigkeit und von zweifelhafterem Erfolge gibt, als sich zum Haupte einer neuen Staatsverfassung [aufzuschwingen].«

Na toll, danke für den Hinweis, dachte ich angesichts meiner dunklen Augenringe. Denn natürlich hatte ich in den letzten Monaten nichts anderes getan, als quasi eine neue Verfassung einzuführen. Doch mit dem Zubettgehen verhielt es sich anders, und hier widersetzte sich hartnäckig alles der machiavellischen Magie, die andere Aspekte in unserem Leben verändert hatte. Doch mir war klar, dass ich neue Regeln für das Zubettgehen erstellen musste, die zu erholsamen Nächten führen würden, und zwar je schneller, desto besser, damit weder ich noch meine erschöpfte Familie (und mein über alle Maßen frustrierter Mann) den Verstand verloren.

Und da erinnerte ich mich an den Abschnitt in *Der Fürst*, in dem Machiavelli die Beziehung zwischen dem Volk (oder in meinem Fall den Kindern) und den Großen (Eric und mir) untersucht. Er beschreibt, dass diese beiden Gruppierungen beständig im Widerstreit miteinander liegen, doch sein Mitgefühl gilt eindeutig dem Volk, das, wie er sagt, »schon zufrieden [ist], wenn es bloß nicht unterdrückt wird«.

Er erinnert seine Leser daran, dass Menschen in Republiken wie Florenz ihre Freiheit über alles schätzten und dass sie damit auch im Recht waren. Er erklärt, dass ein Führer das Volk für sich gewinnen muss, da es viele sind, während die Großen nur wenige sind, und dass ein Fürst niemals sicher leben kann, wenn er das Vertrauen seiner Untertanen nicht genießt.

Das hört sich eher nach Demokratie als nach Tyrannei an, nicht wahr?

Doch genau hier wird es etwas brenzlig, denn Machiavelli warnt davor, dass »[es] in jedem Staate zwei verschiedene Grundstimmungen [gibt], die daher rühren, daß das Volk die Herrschaft und Unterdrückung der Großen nicht ertragen mag, die Großen aber das Volk zu beherrschen und zu unterdrücken trachten. Aus dem Widerstreite dieser beiden Bestrebungen entsteht entweder Alleinherrschaft oder Freiheit oder Anarchie.«

Anarchie? Bloß nicht! Das ist das Letzte, was ich gebrauchen kann!

Aus Furcht vor einer Rebellion oder einem ausgewachsenen Aufstand wusste ich, dass ich mich zurückziehen und meine Strategie überdenken musste. Dem kam ich kurzerhand nach, indem ich den Schwerpunkt von meinem Begehren, Regeln durchzusetzen, auf das meiner Kinder verlagerte, die nicht beherrscht werden wollten. Wieder einmal nahm ich mir Machiavelli zum Vorbild, der sagt: »Wer durch das Volk Fürst wird, muß das Volk zum Freunde zu behalten suchen. Dies ist leicht, da es zufrieden ist, wenn es nur nicht gedrückt wird.«

Das ist wichtig, dachte ich, sowohl für den Fürsten als auch für eine Mutter. Außerdem war es eine klare, praktische Maxime, mit der ich arbeiten und die ich so umsetzen konnte, dass ich – und meine Kinder – den dringend benötigten Schlaf bekommen würden.

»Wer durch das Volk Fürst wird, muss das Volk zum Freunde zu behalten suchen« hört sich ziemlich einfach an, nicht wahr? Ich meine, meine Kinder verlangten ja nur danach, dort zu schlafen, wo sie sich sicher und wohlfühlten, was gerechtfertigt war. Das Schlüsselwort lautet aber: *Schlaf*. Kein Gekicher. Kein Herumgerenne. Kein Kermit der Frosch, der um drei in der Früh lauthals durchs Haus plärrte. Es musste einen Weg geben, ihnen diesbezüglich ein paar Freiheiten einzuräumen, ohne dabei wahnsinnig zu werden.

Nach reiflichem Nachdenken nahm ich eine nachgiebigere Haltung ein. Und als ich mich etwas entspannte, erinnerte ich mich daran, dass sich bei Machiavelli alles um Flexibilität dreht. Tatsächlich glaubte er, dass Flexibilität die entscheidendste *virtù* ist, die ein Führer haben kann, insbesondere zu Krisenzeiten. Diesbezüglich sagt er, dass ein Führer immer bereit sein muss, einen Kurswechsel vorzunehmen, sollte die Situation es erfordern. Ja, er gibt uns die Grundregeln oder den Masterplan für Regeln, Disziplin und Herrschaft ... gleichzeitig teilt er uns aber mit, dass es manchmal weiser ist, sich zurückzuziehen, als eine bereits verlorene Schlacht weiterzuführen. Und mit dieser Erkenntnis arbeitete ich die folgende siegreiche Strategie aus: Ich würde streng, aber nicht unnachgiebig sein und zur Zubettgehzeit zunächst an die Zufriedenheit meiner Kinder denken (und an unsere geistige Unversehrtheit). Schlussendlich war es ja nicht so, als würde ich die weiße Flagge schwenken oder vor irgendwelchen unvernünftigen Forderungen kapitulieren, ich stillte vielmehr die nächtlichen Bedürfnisse meiner Kinder. Was nach kurzer Zeit bedeutete, dass Teddy wieder auf unserer gemütlichen alten Couch schlief und ich im Sessel neben ihr wegdöste, während ich ihr vorlas. Trevor und Katie schliefen währenddessen zu ihrer großen Erleichterung an Eric gekuschelt. Nichts davon verhieß Gutes für unser einst so reges und phantastisches Sexleben, doch in der Hierarchie der menschlichen Bedürfnisse und wenn es um das Überleben des Individuums geht, schlägt der Schlaf den Sex knapp.

Abgesehen davon stellte ich klar, dass es sich hierbei um keine Dauerregelung handelte. Stattdessen gestand ich meinen Kindern diese Schlafregelung nur dann zu, wenn sie im Gegenzug versprachen, ab Halloween (na gut, Thanksgiving), was in etwa zwei Monaten sein würde, damit anzufangen, in ihren eigenen Zimmern zu schlafen. Und als Rechtsanwältin wusste ich, dass es sich hierbei um eine gültige, bindende und rechtlich einklagbare mündliche Zusage handelte. Angebot. Zustimmung. Gegenleistung. Drangekriegt!

Und wissen Sie was? Mit diesem festgesetzten längeren zeitlichen Vorlauf und einer klaren Wende vor Augen funktionierte es! Und ab Thanksgiving schliefen alle (die meiste Zeit) im eigenen Bett, und wir hatten alle (die meiste Zeit) eine angenehme Nacht.

Fazit: Ich bekam letzten Endes von meinen Kindern, was ich wollte, und sie dachten, es wäre ihre Idee gewesen, weil sie dabei halfen, die Abmachung zu treffen! Mit anderen Worten, es geht immer um Einfluss. Er liegt in Ihren Händen. Aber wenn Ihre Kinder glauben, sie hätten ihn, dann sind Sie fein raus.

TEIL II

Das Experiment schlägt fehl

Gleichwohl mir mein kleines Schlafexperiment – und mein Experiment mit Machiavelli insgesamt – Klarheit über vieles verschaffte, so fühlte ich mich doch auch etwas erschöpft. Also gönnte ich mir eine kurze Auszeit von *Der Fürst*, um herauszufinden, was Machiavellis Absicht beim Schreiben war. Und ich stolperte über eine Frage, die einige der bedeutendsten Philosophen und Gelehrten der Welt seit knapp 500 Jahren umtreibt: War *Der Fürst* von seinem Verfasser als Satire niedergeschrieben worden, oder meinte Machiavelli wirklich, was er da schrieb?

Moment, *wie bitte*? Fußte das Wohl meiner Familie etwa auf einem Witz?

Unter den europäischen Aufklärungsphilosophen war der französische Philosoph Jean-Jacques Rousseau der Meinung, dass es sich bei Machiavellis Meisterwerk in der Tat um eine Satire handelte. Er schreibt Folgendes in seinem *Gesellschaftsvertrag*:

»Machiavelli war ein ehrenwerter Mann und ein guter Bürger; seine Abhängigkeit vom Wohlwollen der Medicis, die sein

Vaterland unterdrückten, zwang ihn jedoch, seine Freiheitsliebe zu verbergen und seine Meinung lediglich indirekt zu artikulieren. Schon daß er den Haupthelden des Buches, den schurkischen Regenten, ausgerechnet dem verruchten Cesare Borgia nachmodelliert, belegt hinreichend seine geheimen Intentionen. Auch klafft zwischen den Prinzipien im *Fürsten* und denen, die er in anderen Werken aufstellt – der *Abhandlung über Titus Livius* etwa oder der *Geschichte von Florenz* –, ein krasser Widerspruch, was beweist, daß dieser bedeutende politische Kopf bisher nur oberflächliche oder moralisch verdorbene Leser hatte. Der römische Hof hat den Fürsten strikt verboten; das glaube ich gern; ihn schildert Machiavelli nämlich am kenntlichsten.«

Rousseau scheint hier also zu sagen, dass Machiavelli – von den Medicis und der Kirche gleichermaßen kritisch beäugt – nicht offen über die ihn umgebende Korruption schreiben konnte und dass er deshalb eine Satire schreiben musste, um sich selbst zu schützen. Das klingt einleuchtend, oder? Denn hätten die Medicis angenommen, er würde sich über sie lustig machen, so hätten sie ihn vermutlich recht schnell zurück ins Gefängnis geschickt und gefoltert – oder ihn einfach ermorden lassen.

Das ist also eine Theorie.

Neueren Betrachtern zufolge soll Machiavelli aber kein Satiriker, sondern ein äußerst ernster, politischer Stratege gewesen sein, der wohldurchdachte Ratschläge anbot, die, wenn man sie ernst nahm und beherzigte, Lorenzo de' Medicis Ruin herbeiführen sollten. Doch dieser kleine Plan – wenn dies denn tatsächlich sein Plan war – ging nicht auf. Warum? Weil die Medicis *Der Fürst* vermutlich nicht einmal gelesen hatten, und selbst wenn sie das getan hätten, dann waren sie keine Idioten und hätten diesem Verfasser, der als Verfechter der republikanischen Gesinnung bekannt war, keinen Glauben geschenkt. Abgesehen davon waren die Medicis sich durchaus bewusst, dass ihre Rückkehr an die Macht 1512 den Anfang aller Probleme für Machiavelli bedeutet hatte.

Diese letzte Tatsache, so dachte ich, würde eine satirische Absicht bekräftigen, wie Garrett Mattingly in seinem vielfach zitierten Artikel »*The Prince*: Political Science or Political Satire?« (»Machiavellis Fürst: Politische Wissenschaft oder Politische Satire?«) festhält. »Ich nehme an, dass es durchaus möglich ist, sich vorzustellen«, hält Mattingly sarkastisch fest, »dass ein Mann, dessen Land versklavt, dessen Lebenswerk zusammen mit seiner Karriere zerstört und der fast zu Tode gefoltert wurde, alsdann hinging und ein Buch schrieb, in der Absicht, seinen Feinden beizubringen, wie sie sich behaupten konnten, und der dabei die leidenschaftslose Objektivität eines Wissenschaftlers in einem Labor an den Tag legte. Sich ein solches Verhalten vorzustellen muss möglich sein«, fügt er hinzu, »denn diejenigen, die Machiavelli studieren, tun das und nehmen es scheinbar gelassen hin. Für einen gewöhnlichen Geist kann es aber sehr wohl schwierig sein, dies zu erfassen.«

Autsch. Doch er hat recht – der »Staat«, dem Machiavellis Traktat helfen sollte, war tatsächlich genau derjenige, der ihm das Leben über so viele Jahre zur Hölle gemacht hatte. In der Tat bringt alles, was Machiavelli während seiner Karriere geschrieben hat, zum Ausdruck, wie sehr er Tyranneien hasste. Tja ... warum also sollte er einen Leitfaden für Tyrannen schreiben, es sei denn, er meinte nicht wirklich, was er schrieb?

Ähm ..., dachte ich und hatte mit einem Mal selbst Zweifel. War *Der Fürst* vielleicht doch nur ein einziger satirischer

Witz? Und wenn dem so war, ging dieser Witz dann etwa auf meine Kosten?

Verzweifelt um Antworten bemüht, machte ich mich daran, herauszufinden, ob, und falls ja, was Machiavelli selbst dazu zu sagen hatte. Im Zuge dessen stolperte ich über einen Brief, den er gegen Ende seines Lebens geschrieben hatte. »Denn eine Zeit her sage ich nie, was ich denke ... und wenn mir doch einmal die Wahrheit entschlüpft, so verberge ich sie, daß es schwer ist, sie herauszufinden.«

Houston, wir haben ein Problem!

Aber hallo.

Kapitel 10
Wägen Sie ab, ob die Risiken einer Tat ihren Nutzen nicht übersteigen: Kämpfe gezielt auswählen

»Grüß Frau Marietten und sag ihr, daß ich alle Tag meiner Abreise entgegen sehe; so ist's; und daß ich nie größeres Verlangen gehabt hätte in Florenz zu seyn als gerade jetzt; aber ich kann nicht anders. Sag Ihr nur, sie soll was sie auch hören möge, gutes Muthes bleiben, denn ich würde bei Euch seyn, ehe irgend ein Unglück hereinbricht.«

Machiavelli, Brief an seinen Sohn, 1527

Voller Energie – und ausgeruht! – beschloss ich, meine Aufmerksamkeit vorübergehend von meinen Kindern auf meinen Mann zu richten, den ich innig liebe, der aber, seit er erwachsen ist, im sprichwörtlichen Sinn immer als Letzter die Bar verlässt. Nach unserer Hochzeit änderte er seine nächtlichen Gepflogenheiten nicht wirklich, zumindest dann nicht, wenn er auf Geschäftsreise war. Er feierte mit seinen Kollegen bis weit nach Mitternacht, manchmal bis um eins oder zwei.

»Ich versuche, einen Vertrag abzuschließen«, rief er mir dann freudig am Telefon aus einer lauten, überfüllten Bar zu.

»Verstehe«, seufzte ich. »Aber warum machst du nicht einfach Schluss und hörst für heute auf, Liebling?«

Wie mein Mann war auch Machiavelli häufig geschäftlich unterwegs. Als respektierter, wenngleich relativ unbedeutender Diplomat der florentinischen Republik (zu vergleichen mit dem US-Botschafter auf Tahiti) reiste er in unterschiedlichen Funktionen an verschiedene Orte in der Toskana und war zwischen 1498 und 1512 auch mehrfach als Gesandter auf größeren Missionen in Frankreich, Deutschland, Spanien und andernorts in Europa. Außerdem traf er sich regelmäßig mit Papst Alexander VI. und dem frisch gekrönten König Ludwig XII. Und er besuchte das Lager von Cesare Borgia, dem grausamen, gerissenen und brutalen Herzog von Valentinois, dessen Charakter und Karriere Machiavellis politisches Denken stark beeinflussten und die Grundlage für seine Haltung bezüglich Herrschaft lieferten, die er zu einem späteren Zeitpunkt so klar und knapp in *Der Fürst* festhielt.

Während dieser Jahre war Machiavelli ebenfalls verheiratet. 1502, im Alter von 32 Jahren, heiratete er Marietta Corsini, die ihm sechs gesunde Kinder schenkte. Und obwohl es sich bei ihrer Heirat um eine arrangierte Ehe handelte – wie das bei den meisten florentinischen Ehen zu diesem Zeitpunkt der Fall war –, so geht aus ihren Briefen eindeutig hervor, dass Marietta ihren Mann innig liebte und dass seine langen Abwesenheiten schwer auf ihr lasteten, insbesondere, als ihre Kinder noch klein waren. »Denk daran, nach Hause zu kommen«, schrieb sie ihm in einem Brief kurz nach der Geburt ihres ersten Sohnes.

»Denk daran, nach Hause zu kommen« sind eindringliche Worte von einer Frau an ihren Ehemann – die viel preisgeben. Doch in diesem von rivalisierenden Lagern zerrissenen Italien und mit Machiavelli, der von persönlichen und politischen Feinden umgeben war, hatte Marietta durchaus Gründe, sich um die Sicherheit ihres Mannes zu sorgen, wenn er auf Reisen war. Und man kann sich nur fragen, ob sie sich nicht auch darum Sorgen machte, dass er sich eines Tages auf eine oder zwei kurze Liebschaften einlassen könnte, die er dann in der Tat auch hatte, wie ich seinen Briefen entnahm.

Was in Rom passiert, bleibt in Rom. Nicht wahr?

In diesem Punkt konnte ich Marietta nachfühlen, denn wie gesagt, auch mein Ehemann war viel auf Reisen, als unsere Kinder noch klein waren. Im Gegensatz zu Machiavelli ist Eric jedoch in der Golfbranche tätig, und jedes Mal, wenn er unterwegs war, ließen er und seine hart arbeitenden, lebenslustigen Arbeitskollegen es sich gut gehen und machten einen drauf. Ihre Tage fingen häufig mit einem Bloody Mary vor dem ersten Abschlag an, gefolgt von wer weiß wie vielen Bier, die ihnen von kessen, jungen »Biermobil-Girls« auf den Golfplatz gebracht wurden. Nachmittags schütteten sie dann am »19. Loch« (sprich: in der Bar des Clubhauses) Cocktails in sich hinein, gefolgt von ein paar Vodkas on the rock und einigen Gläsern Wein zum Abendessen, ehe die Party in einer weiteren Bar fortgeführt wurde.

Einmal war Eric auf seiner jährlichen Geschäftsreise bei einem Golfturnier in Puerto Vallarta und hatte fünf Abende hintereinander mit seinen Kollegen bis in die frühen Morgenstunden gefeiert. Verstehen Sie mich nicht falsch: Ich bin keine puritanische, abstinente Pollyanna. Ich kann mit dem Besten von ihnen mithalten (und habe das in der Zeit, bevor ich Mutter wurde, auch häufig gemacht). Und ich konnte es verstehen, wenn er an ein paar Abenden feiern ging. Doch fünf aufeinanderfolgende Abende ein Bier nach dem anderen auf einem Golfplatz in sich hineinschütten, gefolgt von einem endlosen Strom Wodka und Tequila? Mal ganz ehrlich! Das schadet nicht nur der Ehe, das schadet auch der Leber.

Im ersten Jahr, als Eric auf eben diese Geschäftsreise ging, war Trevor vier Monate alt und wurde noch gestillt. Und während sich Eric unter ein Dutzend junger, sexy »Tequila-Girls« mit üppigen Doppel-D-Möpsen in winzigen Bikinioberteilen mischte, war ich allein zu Hause, stillte einen Säugling und kümmerte mich in meinen abgetragenen, alten Jogginghosen mit dehnbarem Bund um zwei Kleinkinder.

Ich war alles andere als ein sexy Tequila-Girl.

Das lag nun fünf Jahre zurück. Und es machte mir nicht sehr viel aus, da ich wollte, dass er eine schöne Zeit hatte. Doch genau wie Marietta machte ich mir Sorgen um meinen Mann, wenn er unterwegs war – und ich machte mir auch Sorgen, dass er eines Abends in betrunkenem Zustand etwas tun könnte, mit dem er mich hinterging und unsere Ehe gefährdete.

Was in Rom passiert, bleibt in Rom. Ja klar, tut mir leid, Machiavelli, aber das zieht bei mir nicht.

Mit diesem beunruhigenden Szenario im Kopf beschloss ich schließlich, Erics spätabendliche Saufgelage nicht länger zu tolerieren. Ganz egal, wo auf der Welt er war. Puerto Vallarta. Florida, New York. Kanada, Cancún oder Colorado. Ich hatte genug davon, noch länger die Rolle der schwer geprüften Ehefrau zu spielen, die immer allein zu Hause war, sich um die Kinder kümmerte und ängstlich auf den nächtlichen Anruf wartete, der stets ausblieb.

Glücklicherweise reagierte Eric sehr vernünftig darauf und versprach, sein Verhalten zu ändern. Er war ebenfalls damit einverstanden, mich anzurufen oder eine SMS zu schreiben, wenn er am Abend wohlbehalten im Hotelzimmer eingetroffen war.

Dann fuhr er zu einer Golf Merchandise Show der Professional Golfers Association nach Las Vegas.

Es war Donnerstagabend, und ich war beim Lesen unten im Sessel eingeschlafen. Als ich aufwachte, war es zwei Uhr morgens. Ich ging davon aus, dass ich seinen Anruf verpasst hatte. Doch als ich auf meinem Handy nachsah, war da keine Nachricht, also rief ich ihn an.

»Wo bist du?«, fragte ich ihn rundheraus, als er ans Telefon ging.

»Beim Würfeln am Craps-Tisch«, sagte er fröhlich, ohne meine auflodernde Wut auch nur im Geringsten wahrzunehmen.

»Mit wem? Doug und John?«

»Ähm, nein«, nuschelte er. »Mit zwei Modejournalisten, die ich heute auf der Show getroffen habe.«

Modejournalisten?, dachte ich, und mein Blut geriet nun richtig in Wallung. *Wie viele Männer in der Golfbranche schrieben schon über Tigers neue Schirmmütze und Golfschuhe?*

»Lass mich raten. Es sind Frauen?«, sagte ich.

»Ähm, ja«, erwiderte er kleinlaut. »Sie wollen für meine Zeitschrift schreiben.«

In dem Moment rastete ich aus.

»*Warum* zum Teufel bist du um zwei Uhr morgens noch mit zwei Frauen unterwegs, die du gerade erst kennengelernt hast? Was würdest du tun, wenn du mich anrufst und ich um zwei Uhr morgens mit zwei Männern Party mache, denen ich gerade zum ersten Mal auf der Anwaltstagung in Vegas begegnet bin?«

Der Vesuv war kurz davor, auszubrechen. Und das wusste er auch.

»Tut mir leid, Liebling«, lenkte er schnell ein. »Ich verstehe dich. Du bist zu Recht sauer.«

Als er am nächsten Tag nach Hause kam, sagte ich ihm erneut, dass ich verstand, wenn er geschäftlich verreisen musste und dass ich ihn auch weiterhin darin unterstützen würde, dass ich aber jenes unreife, dumme Teenagerverhalten nicht länger dulden würde. Er sah ein, dass dieses Verhalten unserer Ehe schadete, und versprach erneut, sich zu ändern.

Alte Gewohnheiten legt man aber nur schwer ab, insbesondere solche, die Spaß machen.

Das nächste Mal war er in San Diego. Er rief um 18 Uhr an, um mir mitzuteilen, dass er den Geschäftsführer eines Unternehmens für Golfplatzreservierungen (mit dem er auch befreundet ist) auf ein schnelles Abendessen treffen und danach direkt ins Hotel gehen würde. Das tat er aber nicht. Und als er um Mitternacht noch nicht angerufen hatte, rief ich ihn an. Er antwortete nicht. Ich wartete eine weitere Stunde und versuchte es erneut. Wieder hob er nicht ab.

Vielleicht schläft er und hört sein Telefon nicht, dachte ich, war bereit, im Zweifel zu seinen Gunsten zu argumentieren. Doch ein Dutzend unbeantworteter Anrufe später war ich wieder einmal in den frühen Morgenstunden hellwach und fragte mich, wo zum Teufel mein Mann steckte.

Um neun Uhr am nächsten Morgen meldete Eric sich dann schließlich. Er hätte beim Abendessen zu viel Wein getrunken, sagte er, und statt noch zu fahren, hätte er bei seinem Freund im Hotel auf der Couch übernachtet.

»Ich kann so nicht weitermachen«, sagte ich entschlossen und legte auf.

Und das war keine leere Drohung oder ein Ultimatum. Es war eine grundsätzliche und endgültige Entscheidung. Eine, für die ich mich von Machiavelli inspirieren ließ. »[Es] lässt sich feststellen, daß es bei jeder Beratung gut ist, zum Wesentlichen zu kommen und nicht immer in Zweideutigkeiten und Unsicherheit zu verharren.« Egal, wie lange ich in einem Zustand der Unentschlossenheit und der Ungewissheit geblieben war, ich war endlich beim »Wesentlichen« meiner ehelichen Überlegungen angelangt.

Als Eric später an diesem Tag nach Hause kam, entschuldigte er sich übermäßig, sagte mir, er habe sich egoistisch verhalten, und versicherte mir abermals, er würde das nie wieder tun. Ich hörte ihm ruhig zu und teilte ihm dann erneut mit, ich hätte genug. Von seinem Verhalten und von unserer Ehe.

Doch kaum hatte ich diese schrecklichen Worte ausgesprochen, drängten sich mir Überlegungen auf, die nicht außer Acht gelassen werden konnten.

Unsere Kinder waren klein, und ich wollte ihnen den Kummer einer Trennung oder Scheidung ersparen. Zudem liebte ich meinen Mann von ganzem Herzen, unabhängig davon, wie zahlreich seine Fehler waren.

Durch meine Unentschlossenheit hin- und hergerissen, wandte ich mich wieder Machiavelli zu. Dieses Mal las ich seine Mahnung: »Man muß daher bei allen seinen Handlungen die Nachteile und Gefahren, die damit verbunden sind, eingehend überlegen; und wenn die Gefahr größer ist als der Gewinn, darf man sich nicht dazu entschließen, selbst wenn ein solcher Entschluß den eigenen Grundsätzen noch so sehr entgegenkommt.«

Und während mir das durch den Kopf ging, erinnerte ich mich an den Ratschlag, den ich als Scheidungsanwältin potenziellen Klienten häufig mitgab und der in etwa so lautete: Reichen Sie keine Scheidung ein, außer bei körperlichem oder emotionalem Missbrauch, ernsthaftem Drogen- oder Alkoholmissbrauch und Untreue, wenn Sie nicht bereit sind, mit den Folgen zu leben. Wenn Sie nicht bereit sind zuzusehen, wie Ihr zukünftiger Exmann oder Ihre zukünftige Exfrau mit anderen ausgeht oder erneut heiratet, und wenn Sie nicht bereit sind, den Rest Ihres Lebens ohne ihn oder sie zu verbringen, dann reichen Sie keine Scheidung ein. Es ist in Ordnung und manchmal vielleicht sogar gesund und erlösend, lange und intensiv darüber nachzudenken. Aber tun Sie es nicht. Scheidung ist ein wichtiger Beschluss, einer der größten, die man in seinem Leben treffen kann, und er hat weitreichende und dauerhafte Konsequenzen, nicht nur für einen selbst, sondern auch für die Kinder.

Wie Mariettas Ehe mit Machiavelli, so ist auch meine Ehe mit Eric nicht perfekt und wird es niemals sein. Doch einmal bei diesem wesentlichen Punkt angelangt, meine Ehe hinter mir lassen zu wollen, erwog ich doch die Einwände und Gefahren (ein gebrochenes Herz, geteiltes Sorgerecht für unsere Kinder), die damit einhergingen, und da sie die Vorteile überstiegen (keinen geraubten Schlaf mehr aufgrund des Wartens auf nächtliche Anrufe), entschied ich mich dagegen, obwohl ich vorher durchaus entschlossen gewesen war.

Nachdem etwas Zeit verstrichen war, teilte ich Eric mit, dass er mich nicht mehr anzurufen bräuchte, wenn er spätabends im Hotel ankam. »Wenn du anrufst oder eine SMS schreibst, wunderbar. Und wenn nicht, dann ist es auch egal.«

»Es ist nicht egal«, erwiderte er bestimmt. »Und ich werde anrufen, weil es das Richtige ist.«

Und wissen Sie was? Das macht er auch.

Trotz seiner lebenslustigen und manchmal nervenaufreibenden spätabendlichen Gewohnheiten ist mein Mann ein sehr treuer und liebevoller Ehemann, und ich habe mich ihm und unseren Kindern verschrieben. Und sollte ich es jemals wieder so satthaben, dass ich ernsthaft eine Scheidung in Betracht ziehe, werde ich Machiavellis Rat befolgen und die Risiken abwägen, die damit einhergehen, und wenn sie die Vorteile übertreffen, dann werde ich mich dagegen entscheiden.

Wieder einmal hatte Machiavelli mir geholfen, eine wesentliche Schlacht strategisch zu führen – oder besser gesagt zu vermeiden –, und wenn er heute mit mir hier wäre, dann würde ich ihm zunächst dafür danken. Als Nächstes würde ich ihm im Namen von Marietta für seine eheliche Untreue und seine Indiskretionen einen Tritt in den Hintern verpassen.

»Was in Rom passiert, bleibt nicht immer nur in Rom«, würde ich ihm sagen. »Und das ist eine Maxime, an die man sich halten kann.«

Kapitel 11

Die beste Festung, die ein Fürst besitzen kann, ist die Zuneigung seines Volkes: Die Bande stärken, die einen verbinden

Nachdem die Stolpersteine in meiner Ehe ausgeräumt waren (vorerst), richtete ich meine Aufmerksamkeit wieder auf meine Kinder. Zu Hause lief alles sehr gut – sehr viel besser zumindest als zu Beginn dieses kleinen Experiments. Die Kinder benahmen sich meistens. Hausaufgaben wurden meistens rechtzeitig erledigt. Wutausbrüche kamen sehr viel seltener vor. Es wurde geschlafen, und für gewöhnlich blieb jeder im eigenen Bett. Was also als Nächstes angehen?

Ein Fürst sollte sich nicht zurücklehnen und sich auf seinen Lorbeeren ausruhen, rät Machiavelli. Selbst zu friedlichen Zeiten – im Grunde genommen sogar gerade zu friedlichen Zeiten – obliegt es einem guten Führer, immer wachsam zu sein und nach Möglichkeiten zu suchen, wie er das Glück und die Zufriedenheit seiner Untertanen sicherstellen kann. Dazu sagt Machiavelli, dass ein Führer sehr wachsam sein muss, um die Zuneigung der Menschen zu erlangen und zu bewahren – nicht um der Zuneigung selbst willen, sondern um die Sicherheit eines Staates angesichts einer möglichen Belagerung zu gewährleisten.

Eine Belagerung zu Machiavellis Zeit zu überstehen war eine viel gefährlichere Herausforderung, als einen geschwisterlichen Streit zu schlichten, das ist mir klar. Wir sprechen hier von langwierigen Angelegenheiten, während derer die angreifenden Armeen wochen- oder monatelang vor den befestigten Stadtmauern kampierten, in dem Versuch, die Menschen auszuhungern oder ihren Willen zu brechen. In einem solchen Fall blieben einem Fürsten zwei Möglichkeiten: Warten, bis die Belagerung vorbei war, oder auf Unterstützung durch einen Verbündeten hoffen. In beiden Fällen »wird man finden, dass es einem Fürst nicht schwer wird, den Mut seiner Untertanen bei einer Belagerung aufrechtzuerhalten, wenn er nur Lebens- und Verteidigungsmittel genug hat«. Oder, um es anders auszudrücken, die beste Festung, die ein Fürst besitzen kann, ist die Zuneigung seines Volkes, denn ohne sie hat er in der Not keine Sicherheit.

Während ich mir noch nie besondere Sorgen über eine mögliche Belagerung durch meine Nachbarn machen musste (doch wenn ich genauer darüber nachdenke, dann hat Wayne mir einen verärgerten Blick zugeworfen, als ich letzten Mai endlich die Weihnachtsbeleuchtung abgenommen habe), so stimmte ich doch zu, dass es für einen Führer von Vorteil ist, sich die Zuneigung seines Volkes zu sichern. Und Machiavelli führt einen triftigen Punkt an: Wenn man sich während guter Zeiten stark darum bemüht hat, die Zuneigung seines Volkes zu gewinnen, dann hält es in schlechten Zeiten eher zu einem. (Und Sie können mir glauben, schlechte Zeiten standen bevor, auch wenn ich das zu dem Zeitpunkt noch nicht wusste.)

Das ist ein weiteres zentrales Prinzip von *Der Fürst*, und nachdem wir es sorgfältig auf der Liste vermerkt hatten, machte ich mich daran, eine »Festung der Zuneigung« mit meinen treuen Untertanen aufzubauen.

Diesen wohlwollenden, aber nichtsdestotrotz strategischen Ratschlag im Kopf beschloss ich, meinen Kindern ein ganz besonderes Geschenk zu machen, um das sie schon seit Jahren bettelten. Und nach einer langwierigen Suche bekamen sie ein wildes, kleines, schwarzes Bündel von einem Kätzchen, mit unglaublich langem, flauschigem Fell, hellen kupferfarbenen Augen und einem gekrümmten Vorderzahn, der aus seinem Maul herausstand wie der Fang eines Säbelzahntigers.

Begeistert spielten die Kinder unablässig mit ihm, und schon bald war Blackie ein geliebtes neues Familienmitglied. Und das war auch alles ganz schön und gut, bis sie irgendwann die fiese Angewohnheit entwickelte, sich gelegentlich mitten auf Erics Kopfkissen zu erleichtern.

Im Normalfall würde ich wie die meisten liebenden Haustierbesitzer davon ausgehen, dass es sich hierbei um einen einmaligen Vorfall handelte, dass sie wahrscheinlich im Zimmer eingesperrt war und ihr Geschäft an keinem geeigneteren Platz verrichten konnte. Doch nachdem ich mit unserem Tierarzt gesprochen und all seine Empfehlungen beflissen umgesetzt hatte, verrichtete Blackie ihr Geschäft immer noch auf Erics Kopfkissen. Und schnell wurde klar, dass es sich hierbei nicht um ein zwar abnormales, aber doch katzentypisches Verhalten handelte, sondern um eine absichtliche Belagerung, einen niederträchtigen, rebellischen Angriff.

Widerwillig, allerdings auch ziemlich angeekelt musste ich einräumen, dass ich nur zwei Möglichkeiten hatte: Blackie weggeben oder aber sie tagsüber draußen lassen. Mit Rücksichtnahme darauf, dass ich mir das Wohlwollen meiner Untertanen erhalten musste, wählte ich Letzteres. So wurde nicht nur eine bevorstehende Krise umgangen, sondern auch Blackies Zuneigung gefestigt, die die vielen Überraschungen und Annehmlichkeiten ihrer neu entdeckten Freiheit und

Ungebundenheit genoss. *Vögel! Sonne! Schmetterlinge! Eidechsen! Und ein unglaublicher Vorrat an frischem Dreck!*

Dieser idyllische Zustand hielt so lange an, bis ich an einem späten Wintertag entdeckte, dass aus unserem süßen, unschuldigen, kleinen Kätzchen eine ausgewachsene Katze geworden war, noch dazu eine verantwortungslose – sie hatte sich nämlich schwängern lassen. Na gut, vielleicht war auch ich hier diejenige, die verantwortungslos war. Ich hatte aber ganz ehrlich geglaubt, der vorherige Besitzer hätte sie sterilisieren lassen, ehe ich sie adoptiert und mit nach Hause genommen hatte.

Das war aber ganz eindeutig nicht der Fall.

Und es hilft nichts, über Geschehenes zu lamentieren, nicht wahr? Zudem waren meine Kinder völlig begeistert von der Vorstellung, viele süße kleine Kätzchen zu haben, die einander durchs Haus jagten. Also warteten wir gespannt auf den großen Tag.

»Rate mal, was passiert ist«, sagte ich, als ich gerade Rühreier in der Küche machte, während Teddy auf meinem Kindle las.

»Was?«, wollte sie wissen, ohne aufzublicken.

»Blackie hat ihre Jungen bekommen.«

»Hat sie?«

»Ja.«

»Yippie!«, brüllte sie. »Können wir sie sehen?«

Ich nickte und nahm meine Kinder mit nach oben ins Elternschlafzimmer, wo sie sich hinknieten und in eine Schachtel im Ankleidezimmer spähten.

»Wie viele sind es?«, flüsterte Teddy.

»Drei.«

»Drei kleine Kätzchen!« Sie lachte. »Genau wie das Buch!« Dann schaute sie mich an und fragte: »Dürfen wir Namen für sie aussuchen?«

»Klar«, antwortete ich und zeigte auf ein kleines graues. »Wie soll das hier heißen?«

»Smokey«, sagte sie bestimmt.

»Wunderbar.«

Ich zeigte auf ein weißes, das etwas größer war. »Und was ist mit dem hier?«

»Ähm ... Mucho Macho Man!«

»Wo kommt das denn her?«, wollte ich wissen.

»Das ist der Name des Pferdes, auf das ich letztes Jahr wetten durfte, als wir mit Eric und dir auf der Rennbahn waren.«

Na prima, ein weiterer Punkt auf meiner Liste der elterlichen Laster und Sünden.

»Okay«, stimmte ich zu.

»Darf ich das hier hochnehmen?«, fragte sie und zeigte auf ein kleines orange getigertes, das ganz eindeutig der Kümmerling war.

»Sei aber vorsichtig«, mahnte ich sie.

»Und das hier nenne ich Orange Guy«, flüsterte sie. Dann drückte sie es an ihre Brust und fragte: »Welches gefällt dir am besten?«

»Orange Guy«, antwortete ich.

»Warum?«

»Weil er der Kleinste von allen ist.«

Sie kicherte und streichelte vorsichtig über sein sanftes Fell. »Mir auch.«

Zuneigung gewonnen!, dachte ich, und als mir das Bild von Machiavellis rätselhaft angedeutetem Lächeln durch den Sinn ging, drehte sich Teddy zu mir und sagte traurig: »Kann Dad auch eins bekommen?«

»Dad? Sicher. Warum?«

»Damit er nicht so allein ist, wenn ich nicht bei ihm bin.«

Ich nickte, sagte aber nichts.

»Also du hast Eric, Trevor, Katie, Daniel und Blackie, wenn ich nicht da bin«, flüsterte sie ganz leise. »Aber Dad hat nur Ben.«

»Ein Hund ist der beste Freund des Menschen«, versuchte ich sie aufzumuntern. »Außerdem glaube ich, dass dein Dad ganz gerne allein ist.«

»Ich weiß«, sagte sie langsam. »Aber ich will nicht, dass er allein ist.«

So ist das mit Teddy: Sie ist das aufmerksamste, fürsorglichste und einfühlsamste Wesen, das mir je untergekommen ist. Ich weiß nicht, woher sie das hat. Aber ich weiß, dass sie ihren Dad und mich über alles liebt, und es ist ihre größte Hoffnung, uns eines Tages wieder zusammen zu sehen.

Und obwohl Paul und ich uns das Sorgerecht paritätisch teilen, bestand eine meiner größten Sorgen lange darin, sie würde irgendwann bei Paul statt bei mir leben wollen. Vielleicht hatte Machiavellis Mahnung, dass ein Fürst sich die Zuneigung seines Volkes erhalten muss, deshalb einen so tief greifenden, melancholischen Nachklang für mich. Mein Wunsch, mir die Zuneigung meiner Tochter zu erhalten, wurde angetrieben von meiner Furcht, diese Zuneigung – und so auch meine Tochter – eines Tages zu verlieren.

In diesem Sinn ging es bei Machiavellis Regel weniger darum, meinen Kindern besondere Geschenke zu machen, als vielmehr um das manchmal schmerzhafte Tauziehen der Eltern um die Zuneigung ihrer Kinder. Für mich bedeutete es, mich häufig für Übernachtungen und lange Wochenenden von ihr verabschieden zu müssen. Es bedeutete auch zu wissen, dass ich bei neun von Teddys ersten 18 Jahren nicht dabei sein würde – und sie würde während derselben Zeit nicht an meinem Leben teilhaben. Und diese unumstößliche

Tatsache war es wohl auch, die meine ursprüngliche Angst, meine Tochter und ihre Zuneigung zu verlieren, nicht nur verstärkt, sondern zugleich sehr real gemacht hatte.

Und ob Sie nun eine geschiedene Mutter eines kleinen Kindes sind oder nicht, Sie wissen, wovon ich spreche. Mutter zu sein bedeutet, sich in einem ständigen Zustand der Angst zu befinden. Denn wir sind nur einen Anruf, ein Klingeln an der Tür, eine heimtückische Wendung des Schicksals von völliger Verwüstung und einem gebrochenen Herzen entfernt. Und das, meine Freunde, ist ein Schicksal, dem wir nicht entgehen können. Was tun wir also? Machiavelli würde uns raten: Nehmt es als gegeben hin, Kopf hoch und weitermachen!

Wie viele Ehen, die scheitern und zugrunde gehen, so wurde das Scheitern und Zugrundegehen meiner Ehe mit Teddys Vater von vielen langen, langsam vor sich hin schwelenden und kurz aufflammenden Streits angestachelt und befeuert. Doch es gibt immer mindestens zwei Seiten einer Geschichte, also werde ich Sie nicht damit langweilen. Wichtig ist hier nur die Tatsache, dass sich Teddy, obwohl Paul und ich bereits seit vielen Jahren geschieden waren, als ich meinen machiavellischen Plan umzusetzen begann, noch immer nicht richtig damit abfinden konnte. Die Tiefe ihrer Traurigkeit kommt in einem Gedicht zum Ausdruck, das sie vor Kurzem schrieb, mit dem Titel: »ICH BIN.« Jetzt hängt es gut sichtbar für alle an der Wand ihres Klassenzimmers.

Ich bin Teddy King.
Ich frage mich, warum meine Eltern sich scheiden ließen.
Ich höre mein Kätzchen miauen.
Ich sehe mich beim Skifahren.

Ich möchte einen zweiten Hund.
Ich mag Tiere.

Ich tue so, als würde ich auf Skiern ganz oben von Mammoth Mountain herunterfahren.
Ich spüre das Fell meines Hundes.
Ich berühre das flauschige Fell meines Kätzchens.
Ich will von meinem Hund wissen, warum meine Eltern sich scheiden ließen.
Ich werde eine ganz tolle Skifahrerin sein.

Ich verstehe die Regeln beim Fußball.
Ich frage mich, warum meine Eltern sich scheiden ließen.
Ich versuche, die schnellste Schwimmerin zu sein.
Ich versuche, mir bei Mathe alle Mühe zu geben.
Ich hoffe, meine Eltern kommen wieder zusammen.
Ich bin Teddy King.

Ich musste hart schlucken, als ich es am Tag der offenen Tür zum ersten Mal las. Und als ich ein paar Gedichte von anderen Schülern las, wurde mir klar, dass ihre Klassenkameraden sich durch so einfache kindliche Wünsche und Freuden definierten wie Eis, Baseballspielen und Picknick mit der Familie, während Teddy sich hauptsächlich durch die anhaltende Verwirrung und Trauer über die Scheidung ihrer Eltern definierte.

»Magst du es mehr, mit Dad oder mit Eric verheiratet zu sein?«, fragte sie mich eines Morgens, wie so oft, auf dem Weg zur Schule.

»Es ist anders«, antwortete ich wie immer.

»Ich weiß«, erwiderte sie, »aber *inwiefern* ist es anders?«

»Na ja«, sagte ich und suchte nach etwas, das ich ihr nicht

bereits gesagt hatte. »In gewisser Weise war es einfacher, mit deinem Dad verheiratet zu sein, weil er viel zu Hause geholfen und alle Rechnungen bezahlt hat.«

»Also bist du lieber mit Dad verheiratet als mit Eric!«, rief sie aus, als würde sie im Stil von Perry Mason sagen: »Dem habe ich nichts mehr hinzuzufügen.«

»Aber«, fuhr ich fort, »Eric und ich haben etwas, das ich mit deinem Dad niemals hatte.«

»Was denn?«

»Er bringt mich zum Lachen, und wir passen besser zusammen.«

»Aber ihr streitet viel.«

»Ja, das stimmt«, bekannte ich.

»Hast du dich mit Dad viel gestritten?«

»Nein«, sagte ich sanft.

»Wie oft habt ihr euch gestritten?«, wollte sie wissen, ganz fasziniert von dieser neuen Info, die ihr sicher helfen würde, ihren Fall zu untermauern.

»Vielleicht ein oder zwei Mal«, antwortete ich, während ich langsamer wurde und mich in die lange Schlange der Autos einreihte, um auf den Parkplatz abzubiegen.

»Das ist doch super.« Sie lächelte.

»Nicht unbedingt. Denn wenn man sich nie streitet, dann werden die Probleme immer größer, bis sie irgendwann so groß sind, dass man sie nicht mehr lösen kann.«

Als ich an den Bordstein fuhr, war sie ganz schweigsam und starrte aus dem Fenster, als wären ihre Gedanken ganz woanders.

»Woran denkst du?«, fragte ich schließlich.

Sie schnappte sich ihren Rucksack, schaute mich dann an und sagte sehr nüchtern: »An Regenbogen und Einhörner.«

Hoppla!, dachte ich, und während ich dabei zusah, wie sie

aus dem Wagen stieg und in der Menge von Lehrern und Schülern verschwand, zog sich mein Magen zusammen. Danach fuhr ich langsam nach Hause und fragte mich, ob ich sie damit noch mehr verwirrt hatte, als sie ohnehin schon war.

[redacted]

Kapitel 12
Geben Sie das, was Sie haben, nicht für das auf, was Sie gerne hätten: Die Realität akzeptieren

Wir sind Machiavelli und anderen, die schreiben, was die Menschen tatsächlich tun, und nicht, was sie tun sollten, sehr zu Dank verpflichtet.

Francis Bacon

Wieder ging mir Machiavellis Maxime durch den Kopf, die besagt, ein Fürst müsse die Zuneigung seines Volkes gewinnen. Vermutlich hatte ich ursprünglich angenommen, indem ich die Zuneigung meiner Kinder bewahrte, könnte ich eine starke »Festung« um uns herum errichten, damit unsere Familie (und mein Einfluss innerhalb der Familie) geschützt war. Das war ja alles schön und gut – die Kätzchen waren ein großer Erfolg. Doch dann wurde mir klar, dass meine Festung beziehungsweise meine Familie als Ganzes, unabhängig davon, wie viele Kätzchen oder besondere Geschenke ich nach Hause brachte, ein paar tiefer liegende Risse aufwies.

Bedeutete die Scheidung meiner ersten Ehe, dass ich immer ein paar strukturelle Schwachstellen in der »Festung« meiner neuen Familie haben würde? Würde es endlose

Machtkämpfe zwischen Teddys Vater und mir geben – endlose Kämpfe um ihre Zuneigung? Noch schlimmer: Würde sie sich immer in ihrer Liebe und Zuneigung zu uns zerrissen fühlen? Und würde sie für immer der »idealen« Familie nachtrauern, von der sie träumte, die sie aber verloren hatte?

Solch schwerwiegende Probleme sind für alle Eltern ein harter Brocken. Doch der stets pragmatische Machiavelli hält auch hierfür ein paar Ratschläge bereit. In *Der Fürst* hebt er ausdrücklich hervor, dass er kein Interesse daran hat, über ideale Republiken oder erfundene Utopien zu sprechen, wie das bei vielen seiner Vorgänger der Fall gewesen war. Diesbezüglich schreibt er: »Gar viele haben ja Republiken und Monarchien erdacht, dergleichen niemals gesehen worden oder in der Wirklichkeit begründet gewesen sind. Aber es besteht ein so großer Unterschied zwischen dem, was Leben ist und dem, was es sein sollte, daß der, der das Erste vernachlässigt und sich nur nach dem Letzten richtet, sich eher den Untergang schafft als die Rettung.« Mit anderen Worten, verzehren Sie sich nicht nach dem, was hätte sein sollen oder können. Finden Sie sich mit der Realität ab, in der Sie stecken.

Dieser Glaube, dieser kompromisslose Realismus steht im Zentrum von Machiavellis politischer Philosophie und ist in Teilen das, worauf die meisten boshaften, giftigen Bemerkungen seiner Kritiker fußen. Viele seiner Ratschläge sind zwar bekanntermaßen schockierend, so viel steht fest, noch schockierender ist allerdings die beiläufige, sachliche Art, in der er sie vorträgt.

Doch beim Nachdenken wurde mir klar, dass die Absicht, die hinter seinem Realismus steckte, in keiner Weise schockierend oder teuflisch ist. In meinen Augen möchte er einen

Fürsten einfach nur davor warnen, als überspannter Idealist mit den Gedanken irgendwo in Wolkenkuckucksheim (oder sonst wo) zu leben. Stattdessen drängt er die Menschen dazu, sich der Realität zu stellen – schließlich wurden Führer wie Lorenzo de' Medici nicht zuletzt deshalb so einflussreich, weil sie ihre Macht gerissen und unbarmherzig einsetzten. Weniger zu unternehmen oder das, was ist, für das aufzugeben, was sein sollte, führt eher zum Niedergang eines Mannes als zu seinem Erhalt, so sagt Machiavelli ganz treffend.

Da mir Selbsterhalt als die bessere Option erschien, beschloss ich, dass es an der Zeit war, den Tatsachen ins Gesicht zu blicken und ein Gespräch unter vier Augen mit Teddy zu führen.

»Können wir mal reden?«, fragte ich, als sie gerade *Wilbur und Charlotte* in ihrem Zimmer las.

»Worüber?«

»Mich und Dad.«

Sie lächelte, sah dabei aber traurig aus. »Ja«, erwiderte sie und klappte das Buch zu.

Ich setzte mich auf ihr Bett und fing an: »Ich weiß, wie schwer es für dich ist, dass Dad und ich geschieden sind.«

»Warum musstet ihr euch auch scheiden lassen?«, wollte sie wissen. »Bei keinem meiner Freunde sind die Eltern geschieden.«

»Ich weiß«, sagte ich sanft. »Und ich kann dir auch nicht genau sagen, warum wir uns haben scheiden lassen. Ich weiß nur, dass sich bis zu deiner Geburt ganz viele Probleme zwischen uns hochgeschaukelt hatten …«

»Weil ihr euch nie gestritten habt?«, unterbrach sie mich in dem Versuch, das Ganze zu verstehen.

Ich nickte. »Ja, das hat es nicht besser gemacht. Und nach zehn Jahren Ehe konnten wir nicht mehr sehr gut zusammenleben, und uns wurde klar, dass wir glücklicher wären, wenn wir uns trennen würden.«

»Aber du bist jetzt auch nicht immer glücklich.«

Wieder nickte ich und antwortete dann: »Keiner ist immer glücklich. Aber ich glaube, dass die glücklichsten Menschen auf der Welt diejenigen sind, die ihr Leben so akzeptieren, wie es ist, und nicht so, wie sie es sich erträumen.«

»Es ist einfach schwer für mich«, sagte sie leise.

»Ich weiß«, seufzte ich. »Für mich war es auch schwer. Aber das Beste, was wir tun können, ist, das Gute und das Schlechte in unserem Leben zu akzeptieren und für das dankbar zu sein, was wir haben. Verstehst du?«

»Schon.« Sie zuckte mit den Schultern und zog dann ihr geliebtes weißes Stoffkätzchen ohne Fell unter der Decke hervor. (Das war in der Tat ein ganz besonderes Stofftier, denn wie ich Teddy oft erzählte, hatte ich es vor Jahren als Trost und Glücksbringer gekauft, als ich eine Behandlung wegen Unfruchtbarkeit durchmachte, und es damals jeden Abend mit ins Bett genommen, bis Teddy geboren war.)

»Special Kitty!«, ich lächelte. »Du versteckst es unter der Decke?«

»Ja, damit Katie es nicht findet.«

»Gute Idee«, sagte ich, steckte sie dann zusammen mit ihrem Kätzchen unter die Decke und küsste beide auf den Kopf.

»Mom?«, flüsterte sie.

»Hmm?«

»Bleibe ich morgen Abend hier oder bin ich bei Dad?«

»Morgen ist Mittwoch, also bei Dad.«

»Okay«, sie lächelte, dann nahm sie Special Kitty fest in den Arm und wurde einen Moment ganz ruhig. »Nicht vergessen, ich möchte Dad wirklich ein Kätzchen geben, damit er nicht so allein ist, wenn ich nicht bei ihm bin«, sagte sie schließlich.

»Okay. Welches?«

»Soll er sich aussuchen!«, sagte sie aufgeregt.

»Na gut.« Ich lächelte. »Ich finde, das ist eine tolle Idee.«

Kurz nach unserem Gespräch stimmte Teddys Dad (eigentlich ein echter Hundeliebhaber) zu, Mucho Macho Man zu adoptieren. Und auch wenn es danach aussieht, als wäre es etwas ganz Alltägliches, sich eine Katze zuzulegen, so hatte es für uns beide, Paul und mich, doch eine sehr viel tiefere Bedeutung. Denn so bauten wir eine Brücke zwischen unseren beiden getrennten Leben, und es zeigte Teddy, dass wir getrennt in unseren neuen Leben glücklicher waren als in unserem alten zusammen. Und obwohl Machiavelli deutlich macht, dass Zuneigung kommen und gehen kann, wusste ich doch auch, dass ihr Vater und ich uns immer darum bemühen würden, dass sie sich wohl und sicher fühlte und ihr Leben als das akzeptierte, was es war, und nicht als das, was sie sich erträumte.

In *Der Fürst* und seinen anderen Werken untersucht Machiavelli nicht nur politische Führerschaft, er erforscht auch die Tiefen des menschlichen Wesens. Dabei stellt er fest, dass es – befreit von Machtkämpfen, ungestillten Ambitionen und nicht enden wollenden Konflikten – nur Egos voll Sehnsucht nach Liebe gibt. Und mag es einem flüchtigen Leser auch übertrieben erscheinen, Machiavellis kleines Meisterwerk als Liebeserklärung zu deuten, so lässt dieses doch auch keinen Zweifel an seiner tiefen, beständigen Liebe zu seiner Heimatstadt Florenz.

In ähnlicher Weise ist dieses Buch hier gewissermaßen meine eigene Liebeserklärung an meine Kinder. Und indem ich Machiavellis Erkenntnisse in diesem konkreten Fall anwendete, hatte ich meiner Tochter zu einem reiferen und realistischeren Verständnis und zur Akzeptanz unseres Lebens verholfen, ganz egal, wie unvollkommen es manchmal (na gut, häufig) sein mochte.

Nicht weniger wichtig war es, ihr mit etwas Hilfe von Machiavelli gezeigt zu haben, dass meine Festung aus Liebe und Zuneigung für sie niemals verschwinden wird, ganz gleich, wie viele Nächte sie fern von mir bei ihrem Vater verbringt. Und das, so glaube ich, ist eine weitere wunderbare Erkenntnis für alle modernen Mütter und Väter, ob sie nun zusammen oder getrennt leben.

Kapitel 13

Ist es besser, gefürchtet als geliebt zu werden? Die Grenzen von Machiavellis Rat erproben

Trotz mehrerer Zwischenfälle funktionierten die meisten Ratschläge von Machiavelli für uns. Mein Mann und ich waren wieder auf einem guten Weg. Teddy arrangierte sich mit ihrer neuen Wirklichkeit. Und sogar Daniel lenkte etwas ein. Doch aufgrund von Katies besonderen Bedürfnissen waren die Strategien der strengen Regeln und der strengen Disziplin, die bei meinen anderen Kindern gut funktionierten, bei ihr nicht so erfolgreich.

Dennoch hatten wir Fortschritte gemacht, und ich fand, es war an der Zeit, meine Kinder für ihre Mühen zu belohnen. Ich wollte ihnen eine besondere Freude machen, ihnen etwas zukommen lassen, um ihnen zu zeigen, wie sehr ich ihre Bemühungen und Anstrengungen in den letzten Monaten zu schätzen wusste. Doch wie alle Eltern wissen, ist es manchmal eine ziemliche Gratwanderung zwischen dem Gewinnen der Zuneigung seiner Kinder und dem, sie zu sehr zu verwöhnen. Wieder einmal wandte ich mich hilfesuchend an Machiavelli. Dieses Mal überdachte ich seine Warnung bezüglich der Gefahren der Freizügigkeit und der Nachsicht, die einen direkten Einfluss darauf hatten, ob ein Fürst gefürchtet oder geliebt wurde.

»Nichts verzehrt sich selbst so wie die Freigebigkeit«, warnt Machiavelli. »Indem du sie übst, verlierst du die Fähigkeit dazu, und wirst entweder arm oder unansehnlich, oder um der Armut zu entgehen, räuberisch und dadurch verhasst.«

Arm und unansehnlich? Räuberisch und verhasst? Ganz egal, ob es sich auf mich oder meine Kinder bezog, alles, was ich dazu sagen konnte, war: »Nein danke!«

In der Hoffnung, diesem Schicksal um jeden Preis zu entkommen, suchte ich wieder Rat bei *Der Fürst*. So erfuhr ich, dass ein Fürst umso eher verarmt, je großzügiger er sich mit seinen Ausgaben zeigt, und dass er, um seine Zügellosigkeit zu finanzieren, seine Untertanen besteuern oder ihre Besitztümer beschlagnahmen muss, wodurch sie ihn gleichermaßen fürchten und hassen werden.

Das leuchtet ein, oder? Doch was soll ein umsichtiger Führer also tun?

Ein Führer, der bereit ist zu geizen, so teilt uns Machiavelli mit, wird von seinen Untertanen geschätzt und geliebt werden, da er ihnen nichts aufzubürden braucht, um seinen Staat aufrechtzuerhalten. Machiavelli scheut sich aber auch nicht, davon abzuweichen, indem er sagt, ein Fürst müsse das Volk ab und an mit fröhlichen Festlichkeiten, Rummel und anderen Zurschaustellungen von Gemeinsinn, Ruhm und Wohlstand belohnen. Er sagt nicht, dass man versuchen soll, sich auf diese Weise die Liebe des Volkes zu erkaufen. Und ganz gewiss behauptet er auch nicht, der beste Weg, um einen Staat zu erhalten, bestünde darin, geliebt zu werden. Er sagt einfach nur, dass ab und zu mit dem Volk gefeiert werden muss, damit die Angelegenheiten schön rund laufen.

Also ersann ich einen einfachen, pragmatischen machiavellischen Plan, der es mir erlauben würde, meine Kinder zu belohnen und gleichzeitig knauserig zu sein.

»Ratet mal!«, sagte ich eines Freitagnachmittags nach der Schule.

»Dad und du kommt wieder zusammen!«, flötete Teddy.

»Nein«, verkündete ich lachend. »Aber da ihr mir so gut helft, machen wir heute etwas Tolles zusammen.«

»Wir gehen nach Disneyland!!!!«, brüllte Teddy ihren Geschwistern zu.

»Nicht ganz, aber fast.«

»Wohin?«

»In die Fun Zone.«

»Super!«, quietschte Teddy, und Trevor und Katie kreischten vor Begeisterung, und das aus gutem Grund, denn mal abgesehen von Disneyland ist die Fun Zone mit ihren bunten Riesenrädern, unzähligen Bonbonläden und ohrenbetäubend lauten Spielhallen der Lieblingsort aller Kinder in Orange County ... und der schlimmste Albtraum für alle Eltern. Na ja, vielleicht auch einfach nur mein schlimmster Albtraum. Doch ich war bereit, dies zugunsten meiner Kinder, die das Geschrei und den Lärm dort über alles liebten, hin und wieder auf mich zu nehmen.

»Können wir zuerst in die Spielhalle gehen?!«, fragte Teddy. »Und darf Daniel mitkommen?!«

»Sicher. Daniel ist allerdings an diesem Wochenende bei seiner Mutter, also fahren nur wir.«

Als wir eine halbe Stunde später bei der Fun Zone ankamen, stellte ich am Eingang zur Spielhalle, die direkt neben dem abzweigenden Bassin der Newport Bay lag, klare Regeln auf.

»Alle mal herhören«, sagte ich bestimmt. »Jeder von euch bekommt Spielsteine im Wert von drei Dollar.«

»Mom! Drei Dollar?«, begehrte Teddy auf. »Wie wäre es mit zehn?«

»Wie wäre es denn mit zwei?«, fragte ich ernst.

»Na gut, dann eben drei«, gab sie klein bei.

»Und ihr bleibt die *ganze* Zeit in meiner Nähe«, verkündete ich noch strenger.

»Okay«, stimmte Teddy zu, während Trevor nickte und seinen Daumen in den Mund steckte.

»Und du Katie, weichst mir *nicht* von der Seite«, sagte ich und schaute sie dabei streng an. »Verstehst du das?« In letzter Zeit hatte ihr unstetes Temperament immer mehr zugenommen – sowohl zu Hause als auch (was noch schlimmer war) in der Schule. Beim Ausbüxen stellte sie sich in etwa so geschickt an wie der Graf Monte Cristo beim Ausbrechen aus dem Gefängnis, und aus eben diesem Grund war sie bereits von einer Schule verwiesen worden, und ich fürchtete, dass wir uns damit auch bei der neuen Schule auf dünnem Eis befanden. »Geh nirgendwo ohne mich hin, ja?«, wiederholte ich meine Anordnung.

Sie kicherte aufgeregt, als ich sie an der Hand nahm.

»Na dann«, sagte ich und atmete tief ein. »Los geht's!«

Helles Licht blitzte auf, und lautes Geklingel war zu hören, als ich Trevor und Katie half, die Skeebälle die Rampen hinaufzuwerfen. Und es waren noch keine fünf Minuten vergangen, als Teddy am Ärmel meines Shirts zupfte und mir ihr leeres Körbchen hinhielt.

»Kann ich noch mehr Spielsteine bekommen, Mom, *bitte*?«

»Na gut«, seufzte ich. »Du kannst meine bekommen.« Ich drehte mich um, nahm mein Körbchen und schüttete ein paar Spielsteine in ihres. Als ich mich ein paar Sekunden später wieder umdrehte, stand Trevor noch brav neben mir ... doch von Katie war nichts mehr zu sehen.

Einzig ihr leeres Körbchen stand noch da.

»Katie!«, rief ich und ließ meinen Blick hektisch durch die Spielhalle schweifen. »Oh Gott! Seht ihr sie?«

Teddy schüttelte den Kopf und sah mit einem Mal besorgt und ängstlich aus.

Wieder suchte ich die Spielhalle ab, dann hob ich Trevor hoch, ergriff Teddys Hand und zwängte mich durch die Menge Richtung Docks.

»Katie!«, rief ich.

»Katie!«, rief dann auch Teddy.

Trevor, der angerempelt und gestoßen wurde, fing an zu weinen, und Teddy konnte nicht mit mir mithalten.

»Mom! Mach langsamer«, bat sie.

»Beeil dich!«, rief ich. »Bitte!«

»Ich kann nicht«, erwiderte sie. »Ich hab Seitenstechen.«

Atemlos kam ich an einer jungen Mutter mit einem Kinderwagen vorbei. »Haben Sie ein kleines Mädchen gesehen? Mit roter Hose? Blondem Haar? Einem Angry-Birds-Shirt?«

»Tut mir leid«, erwiderte sie kopfschüttelnd.

Oh Gott, dachte ich, als ich mich weiter durch die Menge von Touristen kämpfte. Und gerade als wir beim Riesenrad ankamen, ertönten drei laute Warntöne einer Jacht, und ich drehte mich um und blickte voller Schrecken zur Bucht.

»Was, wenn sie ins Wasser gefallen ist?«, flüsterte Teddy, die wusste, dass Katie nicht schwimmen konnte.

In dem Moment drehte ich durch. »Ich muss den Notruf verständigen«, murmelte ich und kramte in meiner Tasche nach dem Handy. Genau in dem Moment, in dem ich es gefunden hatte, zeigte Teddy zur Spielhalle und sagte: »Da ist sie.«

Und tatsächlich, vor einem Bonbonladen direkt neben der Spielhalle stand Katie.

»Katie!«, rief ich, und mein Herz klopfte vor Erleichterung und Schrecken.

Und als sie kicherte und auf einen riesigen pinkfarbenen Berg Zuckerwatte zeigte, wurde mir bewusst, dass mein Geiz diese Krise überhaupt erst ausgelöst hatte. Doch in dem Moment konnte ich nicht weiter über Schuld oder Gründe für Katies Weglaufen nachdenken. Ich hatte einfach solche Angst gehabt und verspürte jetzt eine ungeheure Wut auf meine ungehorsame junge Tochter. Sobald wir zurück beim Auto waren, drehte ich völlig durch.

»Ich habe dir gesagt, du sollst die ganze Zeit bei mir bleiben!«, brüllte ich, als ich Katie in den Kindersitz schnallte. »Teddy und Trevor hören immer zu und gehorchen! Aber du hörst nie zu oder tust, was ich dir sage! Ich halte das nicht länger aus!«

Erschrocken blickte Katie mich an.

Mein Blut war in Wallung gekommen, ich knallte meine Tür zu und schaute zu Teddy und Trevor, die mich ebenfalls höchst erschrocken ansahen ... Und als wir schweigend nach Hause fuhren, war es, als würde etwas in mir zerbrechen. Wollte ich wirklich, dass meine Kinder Angst vor mir hatten? Bedeutete dies, eine machiavellische Mutter zu sein? Und falls ja, war es das wert?

Diese Eskapade war keine einmalige Sache. Ganz egal, welche Regeln oder Ratschläge ich anwendete, ich konnte Katie nicht davon abhalten, sich danebenzubenehmen. So langsam kam ich an den Punkt, dass ich jedes Mal, wenn ich sie irgendwohin mitnahm, befürchtete, etwas Schlimmes könnte passieren – egal ob zur Fun Zone, zum Supermarkt, zum Schwimmen oder in den Park. Ich hatte wirklich große Angst. Selbst halbstündiger Zimmerarrest half nicht mehr weiter. Und um ganz ehrlich zu sein, war ich auch einfach wütend und frustriert. Ich wusste nicht, wie ich sie maßregeln oder welche Art positiver Verstärkung ich anwenden sollte, damit Katie nichts passierte. Machiavelli half mir nicht weiter, ich saß gewissermaßen in der Klemme, stand vor der »nuklearen Option«, wenn man so will, was seine Regeln betraf. Also zog ich Machiavellis verrufenste Maxime hervor, eine, die ebenso häufig zitiert wie missverstanden wird: »Es ist besser, gefürchtet als geliebt zu werden.«

Bei einem Fürsten scheint das durchaus angebracht. Doch ich stockte etwas, als ich darüber nachdachte, wie sie in meinem Leben umgesetzt werden könnte, allein aus dem ganz offensichtlichen Grund, dass alle Eltern von ihren Kindern geliebt werden wollen. Aber wir wollen auch, dass sie auf uns hören. Machiavelli war hier sehr bestimmt. Das ganze Zitat dazu lautet: »Man sollte wünschen, sowohl gefürchtet als auch geliebt werden, da [es] aber schwer ist, beides miteinander zu verbinden, so ist es viel sicherer, gefürchtet als geliebt zu werden.«

Das hört sich vielleicht hartherzig an. Doch wir sprechen hier von Gehorsamkeit, und es war einfach gefährlich für Katie, mitten in der Fun Zone alleine herumzulaufen. Dennoch schien mir dieser Erlass etwas drastisch. Machiavelli untermauert ihn allerdings, indem er sagt: »Die Zuneigung der Menschen beruht auf einem Bande der Dankbarkeit, das bei der Schlechtigkeit der menschlichen Natur reißt, sobald der Eigennutz damit in Streit gerät: Furcht vor Züchtigung aber versagt niemals.«

Dasselbe hat auch bei Eltern und Kindern seine Gültigkeit. Denn wie wir alle wissen, gehorchen Kinder den Regeln nicht, weil sie ihre Mutter und ihren Vater lieben. Stattdessen werden sie zu braven, kleinen Personen, weil sie sich davor fürchten, von ihren Eltern bestraft zu werden. So ist die menschliche Natur. Also sollte man nicht dagegen ankämpfen, würde Machiavelli wohl sagen. Sondern es annehmen – und zum eigenen Vorteil nutzen.

Machiavelli rät nicht dazu, Grausamkeit um ihrer selbst willen anzuwenden. Er sagt einfach nur, dass ein Führer manchmal ein Widerling sein muss, um die Sicherheit seines Volkes zu gewährleisten. Oder aber in den Worten des unsterblichen Nick-Lowe-Songs: »Baby, you gotta be cruel to be kind.« Ja, manchmal muss man wohl hart sein, um nett zu sein.

Das ist logisch, dachte ich, aber eben auch riskant, da ich von meinen Kindern nicht als grausam angesehen werden wollte. Doch nach meinem wütenden Ausbruch in der Fun Zone betrachteten sie mich plötzlich mit anderen Augen, argwöhnisch. Als wäre ihnen das ganze Ausmaß meiner Wut, wenn sie erst einmal hervorgekitzelt wurde, erst jetzt bewusst geworden, als hätten sie plötzlich Angst davor, sich erneut schlecht zu benehmen.

Alle außer Katie. Sie hatte während der letzten Monate auch zu Hause allerlei Unfug angestellt, doch die ganze Tragweite des Problems an der Schule verstand ich erst dann, als Eric und ich bei einem Elternabend in der Kindertagesstätte waren, die sie besuchte.

»Wir alle hier lieben Katie«, sagte die Direktorin und lächelte sanft. »Sie spielt ganz toll mit den anderen Kindern, ist sehr mitfühlend und macht tolle Fortschritte.«

»Das ist doch wunderbar«, erwiderte ich stolz und erleichtert.

»Aber«, fügte sie hinzu, »wir haben noch immer ein Problem damit, dass sie aus dem Klassenzimmer ausbüxt, was eine Gefahr für die anderen Kinder darstellt, denn die Lehrerin darf sie eigentlich nicht allein lassen, um ihr nachzujagen. Was für uns, verständlicherweise, eine riesige Verantwortung darstellt.«

»Wie oft ist sie denn abgehauen?«, wollte ich wissen.

Die Direktorin griff nach einer dicken Mappe auf dem Schreibtisch und zog ein Protokoll hervor. »In diesem Monat 106 Mal«, verkündete sie.

»106 Mal? In diesem Monat?«, wiederholten Eric und ich ungläubig.

Sie nickte und setzte dann zum vernichtenden Schlag an: »Katie kann bei uns eingeschrieben bleiben, wenn sie den ganzen Tag über von einer persönlichen Betreuerin begleitet wird. Ansonsten können wir sie nicht länger hierbehalten.«

»Auch nicht wenigstens bis zum Monatsende?«, fragte ich.

»Nur mit einer Ganztagsbetreuung«, lautete die unumstößliche Antwort.

»Aber ... wir haben bereits bezahlt«, wendete ich verzweifelt ein.

Wieder lächelte die Direktorin mich milde an. »Dann veranlassen wir eine Rückerstattung.«

»Na prima«, sagte ich zu Eric, als wir zum Auto gingen. »Wir können uns keine Ganztagsbetreuung und die Unterrichtsgebühr leisten. Das wären 40 000 Dollar im Jahr oder mehr.«

»Wir könnten sie wieder in eine staatliche Schule schicken«, schlug er vor.

»Da werden sie uns nicht akzeptieren«, rief ich ihm in Erinnerung. »Diese Schlacht haben wir bereits verloren. Außerdem waren wir uns einig, dass wir sie nicht in einer dieser Sonderklassen haben wollen. Und die Fahrt mit dem Bus dorthin dauert 45 Minuten – einfacher Weg.«

»Dann bleibt sie zu Hause, bis wir herausgefunden haben, was wir tun«, sagte er bestimmt.

»Ich muss aber arbeiten.«

»Das muss ich auch«, antwortete er. »Und ich kann nicht von zu Hause arbeiten wie du.«

Es war eindeutig sehr viel ernster um Katies unartiges Benehmen bestellt, als ich gedacht hatte. Zu Hause nicht zu gehorchen war eine Sache. Und auch wenn es Teil desselben Problems war, so war es doch sehr viel besorgniserregender, dass sie ihren Lehrern in der Schule nicht gehorchte und dadurch die Sicherheit der anderen gefährdete. Wir mussten etwas unternehmen.

Aber was?

Als Eric mich absetzte, war es drei Uhr. Das bedeutete, ich hatte noch zwei Stunden, um meinen Schriftsatz, der an diesem Tag abgegeben werden musste, fertigzustellen und an meinen Chef zu mailen. Folglich war ich ziemlich in Zeitnot, bezahlte schnell den Babysitter und bereitete dann in der Küche rasch noch einen kleinen Imbiss für zwischendurch zu. Als ich daraufhin ins Wohnzimmer stürzte, saßen Teddy und Trevor da und sahen *SpongeBob Schwammkopf* an, doch Katie war nirgends zu sehen.

»Wo ist Katie?«, fragte ich schroff.

Sie zuckten mit den Schultern.

Ich rannte zur Eingangstür, um nachzusehen, ob das Kindergitter davor verschlossen war, was glücklicherweise auch der Fall war. Das Mädchen musste noch irgendwo hier sein, Gott sei Dank. Doch als ich ins Esszimmer kam, das mir gleichzeitig als Büro diente, sah ich voller Schrecken, wie Katie eine volle Wasserflasche – und zwar eine randvolle – über meinem Laptop ausleerte.

»*Nein!! Katie!*«, brüllte ich, während mein Stresspegel in die Höhe schnellte. Mein Schriftsatz. Mein Computer. Mein Job.

Ich hatte kaum Zeit, diese Katastrophe zu verarbeiten, als Teddy mit einem schrecklichen Gesichtsausdruck hinter mir auftauchte. »Mom!«, tobte sie, wobei ihre Augen wütend und frustriert aufblitzten. »Katie hat meine Hausaufgaben zerrissen! Und ich kann Special Kitty nicht finden!«

»Sie muss irgendwo sein«, versicherte ich Teddy und schickte sie wieder auf ihr Zimmer, damit sie dort nachsah. Dann brachte ich Katie in ihr Zimmer und stellte mich der Herausforderung, diese Situation zu klären.

»Du darfst Sachen nicht einfach kaputt machen«, rief ich. »Du darfst anderen die Sachen nicht einfach wegnehmen! Und du darfst nicht einfach aus deinem Klassenzimmer rennen! Du musst zuhören und gehorchen!«

Ängstlich und verwirrt blickte Katie mich an.

»Dieses Mal bekommst du eine Stunde Zimmerarrest!«, fuhr ich mit meiner Schimpfkanonade fort. »Ohne Spielzeug! Ohne Fernseher! Und ohne DVDs!«

»Mom, ich kann Special Kitty noch immer nicht finden«, jammerte Teddy aus dem Zimmer nebenan.

»Wir finden sie schon«, sagte ich. Mein Ärger schlug dabei schnell in Beschämung um.

»Was, wenn Katie sie mit in die Schule genommen und dort vergessen hat?«, fragte sie. »Oder was, wenn sie sie in den Müll geworfen hat?«

Damit rannten wir nach draußen zu unserer Einfahrt, wo die schwarzen Mülleimer unheilvoll auf dem Bürgersteig standen. Ich sah den Müllwagen in der Ferne davonfahren, während Teddy zu den Mülltonnen rannte und hineinschaute.

»Sie sind leer!«, schluchzte sie. »Es ist weg! Special Kitty ist weg!«

Eine Zeit lang standen wir schweigend da. Dann rieb Teddy sich die Augen, schaute mich traurig an und fragte: »Kann ich dieses Wochenende zu Dad?«

Plötzlich hielt ich inne und betrachtete meine Situation. Ich konnte Teddy das friedliche, geordnete Zuhause, das sie so verzweifelt wollte und brauchte, nicht bieten, und meine arme, süße Katie, die mich zur Verzweiflung brachte, fürchtete und verabscheute mich zu Recht. Und in diesem Moment verabscheute auch ich mich.

Mein machiavellischer Versuch – und mein gesamtes Leben als Mutter – hatte sich ganz eindeutig zum Schlechteren gewendet. Aus welchem Grund auch immer, Machiavellis Maxime »besser gefürchtet als geliebt zu werden« funktionierte bei Katie einfach nicht. Und da ich nicht fähig war, ihr zunehmend destruktives und gefährliches Verhalten einzudämmen oder umzulenken, würde letzten Endes unsere Familie daran zerbrechen.

Kapitel 14
Ein Fürst muss hinterlistig vorgehen, wenn es seinem Vorteil dient: Erkennen, wann man lügen muss (und wann nicht)

Es waren nicht Machiavellis Gedanken, die mich in diesem besonders dunklen Moment meines Lebens ansprachen, sondern ganz andere. *Ein Unglück kommt selten allein. Alles geht in die Binsen. Das führt nirgendwohin. Wenn das Leben ein Rosengarten ist, warum bekomme ich dann nur die Dornen zu spüren?* Und mein ganz persönlicher Favorit: Die trockene, aber passende Aussage der Schauspielerin Lily Tomlin, dass *die Dinge erst mal viel schlechter werden, ehe sie dann so richtig schlecht werden.*

Doch abgesehen von ein paar extremen Ausnahmen bin ich eigentlich eher optimistisch als pessimistisch veranlagt und gehöre ganz eindeutig nicht zu denen, die aufgeben. Also zog ich die Sache weiter durch, durchforstete *Der Fürst* noch intensiver, bis ich etwas fand, mit dem ich arbeiten konnte. Die ganze Zeit hatte ich Machiavelli durch die rosarote Brille betrachtet: *Er ist gar nicht so streng. Seine etwas düsteren Aussagen sind von späteren Lesern missverstanden worden. Und vielleicht war* Der Fürst *ja auch nur ein Scherz.*

Doch vielleicht hatte ich auch alles falsch verstanden. Vielleicht war Machiavelli genauso selbstsüchtig, dunkel und verschlagen, wie seine schlimmsten Kritiker annahmen. Und vielleicht musste ich etwas von dieser Einstellung verinnerlichen, um Erfolg zu haben. Mit diesen beunruhigenden Gedanken kam ich zu der Passage in *Der Fürst* an der Machiavelli die Frage stellt, ob es besser ist, ehrlich zu sein oder jemanden zu täuschen. Seine Haltung dazu ist: Ehrlich zu sein ist bis zu einem gewissen Grad weise. Um jedoch erfolgreich zu sein, darf ein Führer durchaus auch einmal ein Versprechen brechen, sollte er andernfalls seine Herrschaft gefährden. Sinngemäß drückt er das so aus: Da alle Menschen unehrlich sind, muss ein Fürst das Wort brechen, wenn es zu seinem Vorteil ist.

Und wenngleich ich durchaus zustimme, dass dies im politischen Leben funktionieren kann, so hatte ich mich nie dazu hinreißen lassen, meine Kinder unumwunden anzulügen. Und ich war mir auch nicht sicher, ob es so weise wäre, diese Maxime zu Hause anzuwenden. Durften Eltern schwindeln, wenn es ihrem Vorteil diente? Ist Ehrlichkeit *immer* der beste Grundsatz, wenn es darum geht, unsere Kinder zu erziehen? Wir alle wissen, dass unsere Kinder aus den unterschiedlichsten Gründen manchmal lügen – um keine Schwierigkeiten zu bekommen, um zu bekommen, was sie wollen, um ihre Freunde zu beeindrucken. Doch war es in Ordnung, fragte ich mich, dass Eltern ihre Kinder wissentlich belogen?

Und ich spreche hier nicht von irgendwelchen Notlügen wie »Du bist ein ganz toller Turner!«, obwohl sie noch nicht einmal ein Rad schlagen können. Oder »Der Babysitter ist da, damit Mommy und Daddy ein paar Besorgungen machen können«, wenn Mommy und Daddy in Wirklichkeit nichts anderes brauchen als ein ruhiges Abendessen zu zweit und ein paar starke Drinks, damit ihre Ehe nicht ganz den Bach hinuntergeht und sie ihren Verstand nicht vollends verlieren.

Ich spreche von den wichtigen Dingen im Leben.

Auch ein paar Tage nach dem Desaster in der Fun Zone war ich mir darüber nicht im Klaren. Bis zum Sonntagabend. Teddy war soeben von einem Vater-Tochter-Wochenende in San Diego zurückgekommen und sah müde aus. Auch ich war müde. Also half ich ihr, die Hausaufgaben für den nächsten Tag zu erledigen, und dann las sie im Wohnzimmer auf ihrem Kindle (wenigstens eine der Lektionen von Machiavelli, die Früchte trug), während ich das Abendessen zubereitete.

Irgendwann ging Teddy nach oben, um ihren Pyjama anzuziehen, und als sie wieder zurück ins Wohnzimmer kam, stieß sie einen schrecklichen Schrei aus.

»Neiiiiin! Katieeeee!«, tobte sie. Ich seufzte. Es war wieder einmal so weit. Ich eilte hinüber, um nachzusehen, was los war. Katie war gerade dabei, Seiten aus Teddys Leihbuch von der Schule herauszureißen.

»Du bekommst eine Stunde Zimmerarrest!«, brüllte Teddy, ahmte dabei ganz eindeutig mich nach.

»Teddy!«, rief ich.

»Ohne Spielzeug!!«, fuhr sie fort.

»Schluss, Teddy!«, bat ich.

»Kein Fernsehen!!«

»Teddy!«, wiederholte ich.

»Und keine DVDs!!«

Dann stürmte sie wütend in ihr Zimmer. Ich riss Katie das Buch aus den Händen, rannte dann nach oben und klopfte an Teddys abgeschlossene Tür.

»Mach bitte die Tür auf«, sagte ich leise.

»Geh weg!«, brüllte sie.

»Bitte mach die Tür auf.«

»Nein! Ich will allein sein!«

Und so gerne ich mich da jetzt auch eingemischt hätte, es stand ihr zu, wütend zu sein, das wusste ich, und sie brauchte etwas Zeit, um sich zu beruhigen, also ging ich wieder nach unten ins Wohnzimmer.

»Du weißt, dass du das nicht tun sollst«, sagte ich streng zu Katie.

Unschuldig kicherte sie vor sich hin und nickte.

»Und gleich nach dem Essen bekommst du Zimmerarrest.«

Als sie und Trevor dann schließlich aßen, ging ich nach oben ins Elternschlafzimmer, um mal kurz durchzuatmen und nach Blackie und ihren Jungen zu sehen, die so langsam ihre Umgebung erkundeten. Und als ich in die Schachtel blickte, sah ich Mucho Macho Man und Smokey, die gerade gesäugt wurden, konnte Orange Guy aber nirgendwo entdecken. Ich suchte im Ankleidezimmer, im Badezimmer, unter dem Bett. Da war er nicht. Also eilte ich zurück zum Schrank, hob Blackie vorsichtig an und sah das winzige, leblose orange getigerte Kätzchen, das unter ihr lag. Kaum erblickte Blackie das tote Kätzchen, leckte sie es ab.

Nein!, dachte ich. *Das darf nicht wahr sein!*

War es aber.

Blackie hatte aus Versehen ihr winziges Junges erdrückt.

Ich wusste nicht, was ich tun sollte, saß da und weinte lautlos, während Blackie versuchte, Orange Guy wiederzubeleben. *Was soll ich nur meinen Kindern sagen?*, fragte ich mich. Sie würden am Boden zerstört sein. Und so wenig ich sie anlügen wollte, ich wollte ihre erste Erfahrung mit der Geburt eines Haustiers nicht so direkt mit dem Tod in Verbindung bringen.

Als Teddy am nächsten Morgen nach unten kam, bedachte sie Katie mit einem wütenden Blick, sah dann zu mir und sagte: »Ich kann heute nicht in die Bücherei gehen, wenn ich das Buch nicht zurückbringe.«

»Ich erzähle der Bibliothekarin, was passiert ist«, beruhigte ich sie. »Und ich werde es ersetzen, mach dir darüber also keine Sorgen.«

»Na gut«, sagte sie etwas besänftigt. »Kann ich nach den Kätzchen sehen?«

Der Moment der Wahrheit – oder der Lüge – war gekommen.

»Nein, Süße«, erwiderte ich. »Die schlafen noch. Aber du kannst sie nach der Schule sehen.«

»Bitte«, bettelte sie. »Ich will sie unbedingt sehen. Nur ganz kurz, ja?!«

»Tut mir leid«, sagte ich und warf einen Blick auf die Uhr. »Außerdem sind wir schon spät dran.«

Als wir an diesem Tag von der Schule nach Hause fuhren, wusste ich, dass sie ganz versessen darauf war, die Kätzchen zu sehen, also kam ich auf dieses Thema zu sprechen. »Du weißt doch, dass Orange Guy der Kleinste ist, ja?«, fragte ich.

»Ja, der Kümmerling«, sagte sie lächelnd.

»Genau ... also ... er hat nicht genug Milch abbekommen, deshalb musste ich ihn heute zum Tierarzt bringen, damit sie ihn dort dazu bekommen, dass er etwas trinkt.«

Tränen sammelten sich in ihren Augen. »Wird er wieder gesund?«

»Das hoffe ich.«

»Wie lange muss er dort bleiben?«, wollte sie wissen.

»Das weiß ich nicht, mein Schatz«, log ich. »Ich rufe den Tierarzt morgen an.«

Sobald wir zu Hause waren, rannte Teddy nach oben und streichelte Blackie. »Warum hat sie ihn nicht gefüttert?«, wollte sie wissen.

»Das hat sie versucht«, seufzte ich. »Aber das war ihr erster Wurf, und manchmal, wenn man zum ersten Mal Mutter wird … oder auch, wenn man eine erfahrene Mutter ist … ist es schwierig zu wissen, was man tun soll.«

»Glaubst du, sie macht sich Sorgen um ihn?«

»Das macht sie bestimmt. Alle Mütter machen sich Sorgen um ihre Kinder.«

»Ich mache mir auch Sorgen«, flüsterte sie. Dann drückte sie Blackie einen Kuss auf den Kopf und sagte: »Mach dir keine Sorgen, Blackie. Alles wird gut.«

Mein Magen zog sich wieder zusammen, nicht nur, weil ich meine Tochter wissentlich belog, sondern auch, weil ich falsche Hoffnungen in ihr weckte. Doch daran konnte ich nichts mehr ändern. Die Worte waren mir bereits über die Lippen gekommen.

Spät an diesem Abend rief ich meine Mutter an. »Das orange getigerte Kätzchen ist gestorben«, sagte ich leise.

»Hast du es Teddy gesagt?«

»Nein«, beichtete ich. »Ich habe ihr gesagt, es hätte nicht genug Milch abbekommen und ich hätte es zum Tierarzt gebracht.«

Dabei drehte ich mich um und sah, dass Teddy mit tränenüberströmtem Gesicht und verwirrtem, schmerzerfülltem Gesichtsausdruck hinter mir stand.

»Orange Guy ist gestorben?«, sagte sie.

Ich legte auf, als sie vor mir zurückwich. »Ja, Schatz, ich …«

»Du hast gesagt, er hätte nicht gegessen …«

»Ich weiß, mein Schatz …«

»Du hast gesagt, du hättest ihn zum Tierarzt gebracht …«

»Ja, mein Schatz, ich …«

»Du hast gesagt, er könnte gesund werden. Aber du hast gelogen.«

Und sie hatte recht. Ich hatte meine Tochter wissentlich belogen. Und sie hatte es herausgefunden – auf verheerendste

Weise. Hier eine Anmerkung an alle Eltern: Wenn Sie sich dazu entschließen, Ihre Kinder anzulügen, dann stellen Sie es etwas besser an, als ich es getan habe.

Am nächsten Tag ging Teddy nach dem Unterricht zum Essen zu meiner Mutter, was sie häufig tut. Als sie danach nach Hause kam, versuchte ich, meinen Fehler wiedergutzumachen. Wir saßen nebeneinander und sahen dabei zu, wie Blackie ihre beiden verbliebenen Kätzchen ableckte.

»Mir tut Orange Guy so leid«, sagte Teddy. »Warum musste er sterben?«

»Ich wünschte, ich hätte eine Antwort darauf«, sagte ich. »Aber die habe ich nicht. Ich weiß nur, dass Kätzchen manchmal sterben, weil sie nicht gesund sind, und manchmal helfen ihre Mütter ihnen, zu sterben, weil sie wissen, dass sie nicht überleben werden. Und so haben sie dann mehr Milch für die gesunden Kätzchen. Das ist sehr, sehr traurig. Aber manchmal sterben Haustiere. Das gehört zum Leben dazu. Verstehst du das?«

Sie nickte, sagte aber nichts.

»Und es tut mir leid, dass ich dir nicht die Wahrheit gesagt habe«, fügte ich hinzu. »Ich wollte einfach nicht, dass du traurig bist, und ich hätte dich gerne davor bewahrt. Verstehst du das?«

»Ja«, flüsterte sie. »Ich denke schon.«

Letzten Endes müssen alle Eltern für sich selbst entscheiden, ob es immer am besten ist, den Kindern die Wahrheit zu sagen – je nachdem, welche Werte sie haben und welche Ziele sie als Eltern verfolgen. Was mich betrifft: Ich hatte eine harte Lektion gelernt. Und ich muss zugeben, dass diese machiavellische Maxime bei mir versagt hatte. Noch schlimmer war jedoch, ich hatte bei meiner Tochter versagt. Nur wenige

Monate zuvor hatte ich ihr die Geschichte von »George Washington und dem Kirschbaum« erzählt, in der erklärt wird, dass Ehrlichkeit eine der wichtigsten Tugenden ist, die ein Mensch besitzen kann. Dennoch hatte ich ihr ins Gesicht gelogen – und sie hatte mich dabei erwischt. Das war für sich genommen schon schlimm genug, doch dadurch wurde ich auch zu einer Heuchlerin, zu jemandem, der sich ihres Vertrauens nicht ganz würdig erwies.

Und während ich bis zu einem gewissen Punkt zustimmte, dass es für einen Führer manchmal in Ordnung war, sein Volk zu belügen, und für Eltern, gegenüber ihren Kindern zu Notlügen zu greifen, so glaubte ich doch auch, dass wir bei den wirklich wichtigen Dingen im Leben besser beraten wären, wenn wir uns bemühten, unseren Kindern gegenüber ehrlich zu sein. Ansonsten liefen wir Gefahr, dass sie unser Verhalten imitierten. *»Wenn Mommy und Daddy mich anlügen«*, könnten sie schlussfolgern, *»warum sollte ich sie dann nicht anlügen?«*

Gleichermaßen bedenklich war es, wenn sie ihr Vertrauen in uns verloren. Und wenn ich etwas von Machiavelli gelernt hatte, dann Folgendes: Wenn ein Führer das Vertrauen seiner Untergebenen verliert ... dann ist er dem Untergang geweiht.

Kapitel 15
Interne Umstürze sind gefährlicher als Angriffe von außen: Mit Meinungsverschiedenheiten umgehen

Nach den letzten harten Lektionen – von meinen Kindern gefürchtet zu werden und sie anzulügen waren beides machiavellische Taktiken, die ziemlich nach hinten losgegangen waren, als ich sie bei meiner Familie angewendet hatte – war ich versucht, *Der Fürst* einfach durch den Reißwolf zu jagen. Doch irgendetwas hielt mich davon ab, das Experiment abzubrechen. Zum einen hatte ich keine andere Strategie. Zum anderen bin ich auch jemand, der sich gerne Herausforderungen stellt und entschlossen (sprich: dickköpfig) ist. Und ähnlich wie bei Richard Nixon (übrigens ein moderner Politiker, dessen Charakter und Karriere ein Paradebeispiel für die häufige Anwendung und den Missbrauch von Machiavellis Machtpolitik liefern) sträubte sich bei der Vorstellung eines Misserfolgs jede Faser meines Körpers. Mit anderen Worten, genau wie Julius Cäsar, als er den Rubikon überschritt, war ich viel zu sehr in diesen Plan verstrickt und fest entschlossen, ihn erfolgreich umzusetzen.

In mancherlei Hinsicht hatte er sehr gut funktioniert. Machiavellis Maxime, dass, wer will, dass man ihm gehorcht, wissen muss, wie man befiehlt, hatte geholfen, mich als Mutter zu stärken. Seine Erkenntnis, dass unser Blick umso klarer wird, je mehr Sand durch die Sanduhr des Lebens läuft, hatte mir eine Perspektive gegeben und half mir dabei, die Zeit, die ich mit meinen Kindern verbrachte, zu genießen, statt sie einfach zu vergeuden. Und sein Gebot, ein Führer müsse sich die Achtung seiner Untertanen erhalten, hatte mir geholfen, eine (zumeist) erfolgreiche Schlacht gegen Widerworte zu führen.

Doch während ich weiter machiavellische Taktiken anwendete, um Ordnung in unser Zuhause zu bringen, wurde stärker als zuvor Gemurre der Unzufriedenheit laut. Zusätzlich zu Katies zunehmend forderndem Verhalten, das unmittelbare Auswirkungen auf die ganze Familie hatte, behielt Teddy einen verhaltenen Unmut darüber zurück, wie ich mit dem Tod von Orange Guy umgegangen war. Und wie es aussah, hatte Daniel meine früheren Versuche, ihn zurechtzuweisen, auch noch nicht völlig vergessen.

Aus *Der Fürst* wusste ich, dass häusliche Unzufriedenheit und schwankende Entschlusskraft jeden Staat bisweilen heimsuchten, ganz egal, wie angemessen oder gut geplant die Herrschaft eines Führers war. Doch ich wusste auch, dass ein interner Umsturz eine der gefährlichsten Folgen ist, die einen Führer treffen können, wenn er das Vertrauen seiner Untertanen verliert. Interne Umstürze sind gefährlicher als Angriffe von außen, warnt Machiavelli, und wenn ein Fürst sich nicht die Mühe mache, den Hass der Menschen zu vermeiden, werde er in einem beständigen Zustand der Angst leben.

Beständiger Zustand der Angst?

Damit konnte ich etwas anfangen. Doch was soll ein Fürst (oder Elternteil) tun, wenn die Untertanen (oder Kinder) das Vertrauen verlieren und rebellieren?

Machiavelli sagt dazu, dass ein Führer interne Umstürze

niederschlagen muss, ehe sie eine zu große Eigendynamik entwickeln und seine Herrschaft bedrohen. Zu diesem Zweck entwaffneten manche Fürsten die Bürgerschaft, manche teilten Städte, andere versuchten, abtrünnige Untertanen für sich zu gewinnen, und wieder andere bauten Festungen, um Rebellionen zu vermeiden, oder zerstörten sie, um die Kontrolle über einen neu errungenen Staat zu behaupten. Machiavelli sagt jedoch gleichzeitig, dass der Erfolg jeder Strategie von den Umständen abhängt und dass ein paar abschließende Entscheidungen getroffen werden müssen. Was er dabei unumstößlich festhält, ist, dass »es zur Größe eines Fürsten [dient], Schwierigkeiten und Widerstand zu überwinden«.

Um bei mir zu Hause also unzufriedenes Gemurre zu überwinden, musste ich die internen Umstürze im Keim ersticken und Widerstand, welcher Form auch immer, bezwingen, selbst wenn er von meinen rebellierenden, umstürzlerischen kleinen Untertanen kam. Doch das ist nicht immer leicht, warnt Machiavelli, denn mit häuslichem Aufstand gehen meist direkt Verschwörungen einher. Und er wusste, wovon er sprach, schließlich war er nicht nur für sein angebliches Mitwirken in dem fehlgeschlagenen Mordkomplott gegen den Medici-Fürsten festgenommen und gefoltert worden, sondern hatte mit neun Jahren auch dem blutigsten Umsturz im Florenz der Renaissance beigewohnt – der Pazzi-Verschwörung.

Hier in Kürze, was sich damals ereignete:

Am Ostersonntag 1478 überfielen Attentäter, bewaffnet mit Dolchen, während der Messe in der Kathedrale von Florenz Lorenzo de' Medici und seinen Bruder Giuliano in dem Versuch, die Regierung zu stürzen. Mit dem Dolch in der Brust stolperte Giuliano ein paar Schritte vorwärts, fiel dann hin und verblutete auf dem Fußboden der Kathedrale. Gleichzeitig tauchten zwei bewaffnete Priester hinter Lorenzo auf, der sich mit seiner Waffe verteidigte und in die Sakristei flüchtete.

Als sich die Ermordung herumsprach, ergriffen aufgebrachte Florentiner die Verschwörer und töteten sie. Die Anstifter wurden gehängt, enthauptet oder lebend aus den Fenstern des Palasts geworfen und auf den Straßen in Stücke gehackt. Die Leichname der drei maßgeblichen Verschwörer – darunter ein führendes Mitglied der rivalisierenden Pazzi-Familie und der Erzbischof von Pisa – ließ man tagelang an der Piazza della Signoria hängen.

»Die gesamte Stadt war aufgebracht«, schrieb ein Beobachter. »Der Name der Medici war in aller Munde in der Stadt, und die Glieder der Toten steckten entweder auf Waffen oder wurden durch die Stadt geschleift, und jeder setzte den Pazzi mit wütenden Worten und grässlichen Taten nach.«

Wurde der junge Niccolò Augenzeuge dieser grauenhaften Ereignisse? Oder wie der Historiker Sebastian de Grazia fragt: »Hatte man ihn rasch hinter verschlossene, verriegelte Türen gebracht?« Das weiß keiner. Doch er lebte mit seiner Familie nur wenige Kilometer von diesem Gemetzel entfernt, und »der Anblick der Leichname, die von der wütenden Menge auseinandergerissen worden waren«, oder die Geschichten, die er später von diesen »schrecklichen, aufwühlenden Ereignissen« vernommen haben muss, haben den jungen Machiavelli sicherlich geprägt. Laut einem Biografen soll Machiavellis pessimistische Sicht der menschlichen Natur dadurch beeinflusst worden sein, dass »seine friedliche Kindheit mit einem Schlag zu Ende ging«.

Ich fragte mich, ob vielleicht Machiavellis eigenes unstetes Leben – und die unsteten Zeiten, in denen er lebte – tatsächlich maßgebend für seine politische Philosophie war. Vielleicht dachte er deshalb, dass promptes und strenges Bestrafen durch eiserne Faust genau das war, was gebraucht wurde, wenn es hart auf hart kam, weil er wusste, zu welch verkommenem Verhalten der Mensch fähig war. Warum auch immer, ich stimmte zu, dass sowohl Fürst als auch Eltern einem internen Umsturz Einhalt gebieten mussten, ehe er sich entfalten konnte und ihre Herrschaft bedrohte. Doch leider besaß ich nicht genug *virtù*, um mich der Situation gewachsen zu zeigen, und erfuhr eine meiner größten Niederlagen an einem Sonntagnachmittag, als Eric ins Büro ging, während ich mit Trevor und Katie zu Hause blieb und versuchte, einen Schriftsatz fertigzustellen.

Trevor war glücklicherweise im Wohnzimmer eingeschlafen, also deckte ich ihn zu und gab Katie, die ganz zufrieden neben ihm saß, eine Schüssel mit Orangenschnitzen. Ich holte meinen neuen Laptop (nach dem jüngsten Zwischenfall mit dem ausgeschütteten Wasser hatte ich für Ersatz gesorgt), setzte mich direkt hinter sie und fing an zu schreiben. Nach ein paar Minuten stand Katie auf und zeigte nach oben, bedeutete mir, dass sie in ihrem Zimmer schlafen wollte, was sie gerne machte. Also brachte ich sie nach oben, deckte sie zu und machte eine halbe Stunde weiter, bis lautes Klopfen an der Eingangstür die seltene Nachmittagsruhe störte.

Was in den darauffolgenden Momenten passierte, habe ich noch immer so lebhaft vor Augen, als würde ein Film vor mir ablaufen:

AUFBLENDE.

INNENBEREICH. EVANS-WOODS WOHNSITZ. TAG

Suzy öffnet die Eingangstür, und aus ihrer Perspektive erblicken wir zwei männliche POLIZISTEN, einer Mitte 40, der andere Ende 20. Eine POLIZISTIN, Anfang 30, steht hinter ihnen und starrt Suzy wütend an.

ÄLTERER POLIZIST (an Suzy gerichtet): Haben Sie eine etwa fünfjährige Tochter? Mit Down-Syndrom?
SUZY (verwirrt): Ja, Katie.
ÄLTERER POLIZIST: Es geht ihr gut. Sie sitzt draußen in einem unserer Autos.
SUZY: Bitte?!
ÄLTERER POLIZIST: Einer Ihrer Nachbarn hat sie etwa zehn Häuser von hier die Straße entlanggehen sehen.
SUZY: Um Gottes willen ...

Jetzt weiß sie, was passiert ist.

SUZY (FORTSETZUNG): Mein Mann muss vergessen haben, das Kindergitter zu schließen, als er gegangen ist.
POLIZISTIN (wütend): Schieben Sie die Schuld keinem anderen zu. Das ist Ihre Verantwortung.
ÄLTERER POLIZIST: Wo ist Ihr Mann?
SUZY: Beim Arbeiten. Er ist vor etwa einer halben Stunde gegangen, und wir machen das Gitter immer zu, damit sie uns nicht entwischen kann.
ÄLTERER POLIZIST: Ist das schon öfter vorgekommen?

Pause.

SUZY: Ja ... sie musste dieses Jahr schon zwei Schulen verlassen, weil sie immer abhaut. Sie hält das für ein ... Spiel.
POLIZISTIN: Ist sie schon früher von zu Hause abgehauen?
SUZY: Einmal. Etwa vor sechs Monaten, als mein Mann hier war.

ÄLTERER POLIZIST: Sie wissen, dass wir Sie wegen Vernachlässigung und Gefährdung von Kindern festnehmen könnten?

Suzy nickt angsterfüllt und zittert.

ÄLTERER POLIZIST (FORTSETZUNG): Haben Sie noch weitere Kinder?
SUZY: Ja ...
ÄLTERER POLIZIST: Wie viele?
SUZY: Eine Tochter. Einen Sohn. Einen Stiefsohn.

Er macht sich Notizen.

ÄLTERER POLIZIST: Wie alt sind sie?
SUZY: Ähm ... neun, acht und drei.

Weitere Notizen.

POLIZISTIN: Wenn wir die Kinderschutzbehörde informieren, könnten Sie alle Kinder verlieren, das wissen Sie?

Eine lange Pause, in der diese schreckliche Wahrheit ihre Wirkung entfaltet.

ÄLTERER POLIZIST (FORTSETZUNG): Und wenn Katie das noch einmal macht und verletzt wird, könnten Sie für lange Zeit ins Gefängnis kommen.

Jetzt steht alles auf dem Spiel – ihre Familie, ihre Freiheit, ihr Zuhause, ihre Kinder. Sie kann kaum noch sprechen. Suzy nickt, als das Telefon des älteren Polizisten klingelt. Er spricht kurz, legt dann wieder auf.

ÄLTERER POLIZIST: Wie heißt Ihr Ehemann?
SUZY: Eric Woods.

Er schreibt es auf.

POLIZISTIN: Sie wissen, dass sie ausbüxt. Wie konnte das passieren?
SUZY: Ich bin davon ausgegangen, dass mein Mann das Kindergitter verschlossen hat, also brachte ich sie für den Mittagsschlaf nach oben, aber sie hat wohl darauf gewartet, dass ich nicht hingeschaut habe, und ist abgehauen ... Ich dachte, sie wäre auf ihrem Zimmer.

Weitere Notizen.

ÄLTERER POLIZIST: Warum nennen Sie mir nicht ein paar Dinge, die Sie unternehmen werden, damit sich das niemals wiederholt.
SUZY: Ich werde die Tür mit einem Alarm versehen.
POLIZISTIN: Das hätten Sie schon längst tun sollen.

Suzy nickt.

SUZY: Und ich werde eine Alarmvorrichtung und zusätzliche Schlösser an allen Türen und Fenstern anbringen.
ÄLTERER POLIZIST (greift nach den Handschellen): Kann ich einen Moment reinkommen?
SUZY (angsterfüllt): Sicher ...

Er tritt ein und sieht sich um. Trevor sitzt auf der Couch und starrt ihn an, den Daumen im Mund. Blackie beobachtet die Szene von der Treppe aus.

ÄLTERER POLIZIST (geht hinaus): Ich bin gegen Katzen allergisch.
SUZY: Wir haben auch noch zwei kleine Kätzchen.

Lang anhaltendes, schreckliches Schweigen.

ÄLTERER POLIZIST: Okay, ich werde einen Bericht schreiben und hoffe, Sie haben nie wieder mit uns zu tun. Aber Sie versprechen mir, diese ganzen Dinge bis nächste Woche erledigt zu haben. Schlösser, Alarmvorrichtungen?
SUZY: Ja ...

Die Polizistin blickt sie wütend an.

ÄLTERER POLIZIST: Gut, Ihre Tochter ist draußen in einem unserer Fahrzeuge.

DRAUSSEN. STRASSE. KURZ DARAUF.

Katie taucht kichernd und lächelnd aus einem Polizeiauto auf, als hätte sie eine wunderschöne Zeit gehabt. Der ältere Polizist reicht Suzy ein paar Formulare zum Unterschreiben, dann gehen die Polizisten zu ihren jeweiligen Autos, fahren einer nach dem anderen vom Bordstein und lassen Suzy allein mit Katie in der Auffahrt zurück.

ABBLENDE.

Als Machiavelli im Exil lebte, finanziell ruiniert war und Mühe hatte, seine junge Familie zu unterstützen, schrieb er seinem Freund Francesco Vettori: »Denn lange kann ich es nicht mehr so treiben, wenn ich nicht aus Armut der Verachtung anheimfallen soll.« Seine bezwungenen Lebensgeister kamen auch in einer Notiz zum Ausdruck, die er an den Rand eines Dokuments schrieb, an dem er damals arbeitete: *post res perditas – nachdem alles verloren war.*

Wie Machiavelli wurde mir klar, dass sich die sehr reelle Möglichkeit abzeichnete, dass auch ich alles verlieren könnte, was mir wichtig war. Das Vertrauen und die Unterstützung meiner Familie schienen mir rasch zu entgleiten – und noch schlimmer, ich fing an, mir selbst nicht mehr zu trauen. Was, wenn ich dem hier einfach nicht gewachsen war? War es zu viel für mich, ein Kind mit Katies besonderen Bedürfnissen großzuziehen?

In *Der Fürst* mahnt Machiavelli, dass die »unbewaffneten Propheten« immer zugrunde gegangen sind. In diesem Moment kam auch ich als Elternteil mir völlig hilflos – oder unbewaffnet – vor. Katie und die Herausforderungen, denen ich mich gegenübersah, überforderten mich einfach. Und ich hatte das Gefühl, ein falscher Schritt, eine Unaufmerksamkeit könnte zum völligen Untergang führen.

Da ich nicht wusste, was ich tun oder an wen ich mich wenden sollte, griff ich in meiner Verzweiflung wieder zu *Der Fürst.* Ich gelangte an den Punkt, an dem Machiavelli dazu übergeht, die Charaktereigenschaften eines erfolgreichen Fürsten zu beschreiben. Und wie ich erfahren sollte, sind einige davon entscheidender als andere. Darauf aufbauend wiederholt er – als wollte er sich über mich lustig machen –, dass ein Fürst vermeiden müsse, von seinem Volk gehasst zu werden. Schließlich unterscheidet er zwischen tugendhaft *erscheinen* und tatsächlich tugendhaft *sein.* Tugendhafte Züge wie Mildtätigkeit zu entfalten sei wünschenswert, so sagt er, aber nicht notwendig, wohingegen es unerlässlich sei, tugendhaft zu erscheinen. Er veranschaulicht das, indem er unterstreicht, dass solche Züge wie Entschlossenheit nützlicher seien als Großzügigkeit, da Großzügigkeit zu Armut führt, wie wir gesehen haben, während Entschlossenheit Respekt und Ansehen hervorbringt.

Und an dieser Stelle wartet Machiavelli mit einem entscheidenden Hinweis auf. Er schreibt: Ein Fürst wird dann respektiert, wenn er sich bei einem Konflikt entschlossen auf die eine oder die andere Seite stellt. Machiavelli drückt das wie folgt aus: »Auch wird ein Fürst geachtet, wenn er ein wahrer Freund und ein wahrer Feind ist.«

Das, so fährt er fort, ist immer sicherer, als »neutral zu bleiben, denn wenn zwei mächtige Nachbarn in Streit geraten, so hast du von dem Sieger etwas zu befürchten, oder nicht«. Doch wenn man keine Partei ergreift, dann »wird man allemal eine Beute des Siegers, zur größten Zufriedenheit des Überwundenen, und es bleibt keine andere Zuflucht mehr offen«. Warum? Weil »der Überwinder keine verdächtigen Freunde will, die ihm in der Gefahr nicht beistehen; der Besiegte bietet dem keine Zuflucht an, der in den Zeiten des Kampfes sich geweigert hat, mit ihm sein Glück zu versuchen«.

Wie ein kampfbereiter Fürst mit dem Schwert in der Hand mein Schicksal umwerbend, war ich verzweifelt auf der Suche nach einem Verbündeten. Doch es gab einen kleinen Haken, der darin bestand, dass Eric und ich, die in Krisenzeiten die stärksten und treuesten Verbündeten sein sollten, größere Meinungsverschiedenheiten darüber hatten, wie wir gegen Katies zunehmend bedenklicher werdendes Verhalten, von dem ich befürchtete, es könnte ihr und anderen schweren Schaden zufügen, vorgehen sollten.

Eric teilte indes meine Befürchtungen nicht, und als er nach Hause kam, kurz nachdem die Polizisten weg waren, wurde eindeutig klar, dass er den Ernst der Lage nicht wirklich erkannte.

»Du hast vergessen, das Kindergitter zu schließen, und ich war diejenige, die man fast verhaftet hätte«, sagte ich. Mein Herz pochte noch immer wie verrückt.

»Tut mir leid«, erwiderte er. »Aber du hattest davor vergessen, es zuzumachen.«

»Darum geht es doch gar nicht!«, ließ ich ärgerlich verlauten. »Und wenn das wieder vorkommt, dann kommen wir beide ins Gefängnis und verlieren unsere Kinder!«

»Du hättest einfach besser auf sie aufpassen müssen«, sagte er rundheraus.

Jetzt platzte mir der Kragen. »Du hast keine Ahnung, wie es ist, den ganzen Tag mit einem Kind zu Hause zu sein, das auf rein gar nichts hört, was man ihm sagt! Das alles kaputt macht und dabei lacht! Das fünf Jahre alt ist und noch nicht einmal *Mommy* gesagt hat!« Ich hielt inne und fuhr dann fort. »Vermutlich wäre alles einfacher, wenn sie nur sprechen könnte.«

»Einfacher für wen?«, wollte er wissen.

Wir starrten einander an wie zwei Fürsten, die in einen Kampf verwickelt waren.

»Und du hast recht«, fügte er hinzu. »Ich weiß nicht, wie das ist. Aber warum versuchst du nicht, es einmal aus ihrer Perspektive zu betrachten? Vielleicht ist sie abgehauen, weil sie dich zu einer Reaktion zwingen wollte. Und eine negative Aufmerksamkeit ist besser als gar keine.«

»Keine Aufmerksamkeit? Sie nimmt doch schon meine ganze Zeit in Anspruch, sodass ich keine Zeit für jemand oder etwas anderes habe.«

»Genau das ist dein Problem«, sagte er. »In Bezug auf deine Zeit warst du schon immer egoistisch. Und du bist immer so sehr in deiner kleinen Welt versunken, dass du nicht sehen kannst …«

»In meiner kleinen Welt?«, wiederholte ich. »Ich mache überhaupt *nichts* für mich! Ich kümmere mich nur um die Bedürfnisse anderer!«

»Und wie gut funktioniert das?«

Bei diesen Worten stürmte ich wütend davon.

Aber … ich konnte nirgendwohin. Ich kam mir völlig verloren, überfordert und allein vor. Ich liebte mein kleines Mädchen, doch es war verdammt schwer, mich um sie zu kümmern, und meine Unfähigkeit, mich zu behaupten, riss meine Familie entzwei. Nichts funktionierte. Egal, wie sehr ich mich bemühte, ich wurde ihren speziellen Bedürfnissen nicht gerecht. Und auch wenn ein dekorierter General vermutlich ebenso seine Schwierigkeiten hätte, sie dazu zu bringen, sich unterzuordnen, so hatte ich doch den Eindruck, als Mutter katastrophal zu versagen. Ich war ängstlich, unentschlossen und schwach – das genaue Gegenteil der *virtù*, die Machiavelli befürwortet.

Schlimmer noch, ich zeigte meiner Familie meine Schwäche, und sie zerbrach daran. Mein Mann und ich arbeiteten nicht als Verbündete zusammen. Wir arbeiteten gegeneinander, wie erklärte Feinde, was zum Teil daran lag, dass ich meine Wut und Frustration an ihm ausließ. Und noch schlimmer, meine Kinder verloren ihr Vertrauen in mich. Wenn sie mich ausflippen sahen, bekamen sie auch Angst – und dadurch fühlte ich mich noch erbärmlicher. Ich war verzweifelt und am Ende meiner Kräfte. Ich hatte nicht nur jegliche Perspektive verloren, ich hatte entsetzliche Angst, dass ich kurz davorstand, meine ganze Familie zu verlieren.

Ich brauchte dringend Hilfe, also rief ich eine alte Freundin an und erzählte ihr alles. Da sie selbst vier Kinder hat und sich meiner Kämpfe mit Katie durchaus bewusst war, verstand sie die Tiefe meiner Verzweiflung. Nachdem ich mich etwas beruhigt hatte, schlug sie mir vor, über eine Freigabe zur Adoption nachzudenken. »Das ist zu schwierig«, sagte sie. »Du hast alles gegeben. Und keiner kann dir einen Vorwurf machen.«

Nachdem ich aufgelegt hatte, rief ich meine Mutter an und erzählte ihr, was passiert war. Verstört und weil sie ihre eigene Tochter schützen wollte, teilte sie mir ihre Gedanken mit und riet mir dann, auch meinen Vater anzurufen und ihn um Rat zu bitten. Er hörte mir ebenfalls aufmerksam zu und sagte dann sanft, aber bestimmt: »Du kannst dich einfach nicht mehr um sie kümmern, Suzy. Du kannst sie nicht jede winzige Sekunde am Tag überwachen. Eric, oder auch du, könntet wieder einmal vergessen, das Kindergitter zuzumachen, und dann würdest du alles verlieren. Du musst auch an deine anderen Kinder denken.«

»Es gibt betreute Einrichtungsstätten, wo sie sich wohlfühlen würde«, ließ meine Stiefmutter Kris aus dem Hintergrund verlauten.

»Hast du es deiner Mom erzählt?«, fragte mein Dad.

»Ja.«

»Was hat sie dazu gesagt?«

Ich schwieg, dann flüsterte ich: »Dasselbe.«

Als ich auflegte, fragte ich mich, ob sie vielleicht recht hatten. Vielleicht verdiente Katie eine bessere Mutter, eine, die ihren vielen Bedürfnissen konsequent nachkommen konnte, etwas, das mir ganz eindeutig nicht gelang. Überwältigt von Schuld und Scham ging ich ins Internet, gab bei Google »Adoption bei Down-Syndrom« ein und klickte auf den ersten Link.

War das der Verbündete, den ich brauchte?

Noch wichtiger: War das der Verbündete, den Katie brauchte?

TEIL III

Den Weg zu sich finden

Machiavellis literarischer Held Dante schreibt in der *Göttlichen Komödie*: »Als ich auf halbem Weg stand unsers Lebens, fand ich mich einst in einem dunklen Walde, weil ich vom rechten Weg verirrt mich hatte.« Auf halbem Weg meines Lebens, in meiner dunkelsten Stunde, war auch ich vom rechten Weg abgekommen. Verzweifelt, ängstlich und allein dachte ich über die Zukunft meiner Familie nach. Dann wieder dachte ich an Katie, an ihre ersten Tage mit mir, eine weitere dunkle, schwierige Zeit in meinem Leben, auf die ich nicht besonders stolz bin, die aber beweist, dass Machiavellis tiefste Erkenntnisse über das menschliche Wesen stimmen ... Erkenntnisse, die mir letzten Endes halfen, den Weg zu mir zu finden.

Kapitel 16
Jeder Mensch ist von einer Sehnsucht nach Liebe erfüllt: Seine größten Ängste überwinden

Knapp sechs Jahre zurückspulen. 2005, der Freitag vor dem Muttertag. Ich war in der zwölften Woche schwanger und gerade unterwegs, um mir eine neue (sprich: größere) Jeans zu kaufen. Da erhielt ich einen Anruf von der Sprechstundenhilfe meiner Gynäkologin, die mich darüber informierte, dass die Ergebnisse des Ersttrimester-Screenings mit einer statistischen Wahrscheinlichkeit von 1:3 vorhersagten, dass ich einen Fötus mit Down-Syndrom in mir trug.

Basierend auf meinem Alter zu diesem Zeitpunkt hätte das Risiko etwa 1:180 betragen sollen. Das Ergebnis erschreckte mich, dennoch versuchte ich, mir nicht zu große Sorgen zu machen, und beschwichtigte mich damit, dass dieser Test eine extrem hohe Fehlerquote für falsche positive Ergebnisse hatte. Dennoch musste ich entscheiden, ob ich eine Amniozentese haben wollte – einen kleinen pränatalen Eingriff mit einem Risiko von 1:200, eine Fehlgeburt zu erleiden, der einem aber ein endgültiges Ergebnis liefert.

Über einen Monat rang ich um die Entscheidung, hatte große Angst vor dieser möglichen Fehlgeburt. Und gleichzeitig hatte ich diesen tiefen mütterlichen Instinkt, der mir sagte, dass mein Kind das Down-Syndrom hatte. Etwas an dieser Schwangerschaft fühlte sich einfach anders an als bei meiner vorherigen. Dadurch fiel mir ein Entschluss noch schwerer, denn ich wusste, würde ich diese Untersuchung nicht durchführen lassen und mein Kind hätte tatsächlich das Down-Syndrom, dann würde ich mir wichtige medizinische Informationen vorenthalten, auf denen die Entscheidung basierte, abzutreiben oder nicht.

Die nächsten acht Wochen las ich alles, was ich über das Down-Syndrom finden konnte. Ich durchforstete das Internet, verschlang Bücher, Blogs und Ärzteblätter. Und das meiste, was ich dabei erfuhr, war verstörend: Dass das Down-Syndrom häufig mit allen möglichen medizinischen Problemen und unterschiedlichen Abstufungen geistiger Behinderung einhergeht, von leicht bis schwer. Ich stieß auch auf Untersuchungen, aus denen hervorging, dass etwa 95 Prozent der Frauen, die erfuhren, dass sie ein Kind mit Down-Syndrom in sich trugen, einen Schwangerschaftsabbruch unternahmen.

Diese Statistik brachte eine ganze Reihe neuer Unsicherheiten hervor: Warum hatten so viele Menschen Angst vor dem Down-Syndrom? Rechtfertigten die mutmaßlichen Bürden und Makel des Syndroms tatsächlich immer eine Abtreibung? Und wenn mein Kind das Down-Syndrom hatte und ich mich gegen eine Abtreibung entschied, würde mir die Gesellschaft dann mit Vorurteilen, Mitleid oder vielleicht Verachtung begegnen?

»Warum hat sie denn nicht abgetrieben«, könnten manche missbilligend sagen.

Ab der 20. Woche spürte ich, wie mein Kind sich bewegte, und ich beschloss schließlich, keine Amniozentese durchzuführen, aus dem einfachen, wenn nicht egoistischen Grund, weil ich mich nicht in die Situation bringen wollte, Gott spielen und eine Entscheidung treffen zu müssen, die ich den Rest meines Lebens bedauern würde, ganz egal, wie niederschmetternd die Alternative wäre oder welche Last für meine Familie und mich damit einherginge.

Zu diesem Punkt ließ ich meine Ängste ziehen und versuchte, während der restlichen Zeit meiner Schwangerschaft jegliches »was wenn« auszuklammern. Noch entspannter wurde ich, als die zweimonatigen Ultraschalluntersuchungen keine Anzeichen für das Down-Syndrom zeigten. Und als die letzten Wochen meiner Schwangerschaft langsam voranschritten, war ich immer überzeugter, dass die Untersuchungsergebnisse fehlerhaft gewesen sein mussten.

Diese ganze Unsicherheit wird wie weggeblasen sein, wenn ich erst mein Baby im Arm halte, versicherte ich mir. Am 15. November 2005 ging ich in der 37. Schwangerschaftswoche zu einer weiteren Ultraschalluntersuchung. In der Zwischenzeit waren diese Untersuchungen zur Routine geworden. Doch als der Ultraschalldiagnostiker schweigsam wurde und den Raum plötzlich wortlos verließ, erfasste mich eine Welle der Panik.

Kurz darauf betrat der Perinatologe den Raum, betrachtete schweigend den körnigen schwarzen Bildschirm und sagte dann nüchtern: »Sie haben gefährlich wenig Fruchtwasser. Sie werden das Baby heute bekommen. Gehen Sie direkt zur Entbindungsstation, ich rufe Ihren Arzt an.« Dann verließ er den Raum ebenso ruhig und ungezwungen, wie er eingetreten war.

Was?, dachte ich schockiert, mich den Tatsachen verweigernd. *Ich bin noch nicht so weit, das Baby zu bekommen. Meine Tasche ist nicht gepackt. Ich muss arbeiten. Und ich muss meine Tochter um drei Uhr abholen!*

Während ich mich benommen anzog, warf ich einen Blick auf den Bildschirm und sah, dass die Röhrenknochen meines Babys (der Oberschenkelknochen und der Oberarmknochen) einem Wachstum der 33. Woche entsprachen. Aber ich war doch in der 37. Woche! Vier Wochen im Rückstand! In dem Moment holten mich alle Ängste bezüglich des Down-Syndroms wieder ein. Durch monatelange, intensive Nachforschungen wusste ich, dass »verkürzte Röhrenknochen« ein deutliches körperliches Merkmal für das Down-Syndrom waren.

Auf dem Weg zum Krankenhaus dachte ich: *Heute ist entweder einer der glücklichsten Tage meines Lebens oder einer der verheerendsten, und in ein paar Stunden werde ich Gewissheit darüber haben.* Das Gefühl der Endgültigkeit machte diese ansonsten furchteinflößende Situation etwas erträglicher. Es würde keine weiteren Tests geben, keine weiteren Wochen, um mich um Dinge zu sorgen, die ich ohnehin nicht kontrollieren konnte. Mein Baby würde bald auf die Welt kommen, mit oder ohne Down-Syndrom.

Kurz nachdem mir die PDA verabreicht worden war, traf Eric im Operationssaal ein. Der blaue Wandschirm wurde aufgestellt, ich spürte mehrmaliges Ziehen, dann sah ich, wie unser Kind hochgehoben und die Nabelschnur abgetrennt wurde.

Als Katie ihre ersten Schreie verlauten ließ, griff Eric aufgeregt zum Fotoapparat und knipste.

»Alles in Ordnung mit ihr?«, fragte ich, fürchtete mich vor der Antwort.

»Sie ist wunderschön!«, rief er, machte noch mehr Fotos.

Vielleicht ist ja alles in Ordnung, dachte ich, und einen Moment lang stieg mütterlicher Überschwang in mir hoch. Doch meine Hoffnung wurde zerschlagen, als ich die Neonatologin leise sagen hörte: »Hatte sie eine Amnio?«

»Nein«, antwortete meine Gynäkologin ruhig.

Warum sollte sie das fragen? Ich bekam Panik. Keiner hatte mir diese Frage gestellt, als mein erstes Kind geboren wurde. Aber mehr wurde nicht gesagt. Mein Arzt vernähte meine Wunde, beglückwünschte mich und verließ dann leise den Saal.

Über eine Stunde war vergangen, und keiner hatte etwas bezüglich des Down-Syndroms verlauten lassen. Dennoch erfüllte mich noch immer ein Gefühl der bösen Vorahnung. Dann brachte eine Krankenschwester Katie zu uns, eingewickelt in eine rosafarbene Flanelldecke, auf dem Kopf eine winzige weiße Krankenhausmütze.

Als Eric sie im Arm wiegte, betrachtete ich sie mit nüchterner Distanziertheit. Ihre Augen standen schräg nach oben, ihre Zunge schob sich hin und wieder nach draußen, als wäre sie zu lang für ihren Mund, und ihr Gesicht sah irgendwie flach aus. Doch noch immer sagte keiner etwas dazu. Die Krankenschwester blieb eine Stunde bei uns sitzen, plapperte über Belanglosigkeiten und scherzte hin und wieder mit Mitarbeitern vom Krankenhaus. Ich lag einfach nur da, zitterte und wartete auf die Hiobsbotschaft.

Als der Himmel draußen dunkler wurde, betrat die Neonatologin den Raum. Sie hatte dunkelbraune Haut, noch dunklere Augen und glitt wie ein Schatten durch das Zimmer. Für mich sah sie aus wie der Sensenmann. Als sie am Fuß des Krankenhausbettes ankam, blieb sie stehen und blickte mich einen Moment an, ehe sie den einfachen Satz aussprach, der mein Leben für immer veränderte: »Ihr Kind zeigt Anzeichen für das Down-Syndrom.«

Das war es also.

Die Worte waren endlich ausgesprochen worden.

Während ich zusah, wie sich der Mund des Sensenmanns

bewegte, Worte wie »mögliche Herzfehler« und »geistige Behinderung« ausspuckte, schaute ich zu Eric, aus dessen Gesicht alle Farbe gewichen war – ein Gesicht, das noch wenige Augenblicke zuvor glücklich, stolz und aufgeregt über unseren neuen Familienzuwachs gestrahlt hatte. Jetzt saß er einfach nur da und verarbeitete schweigend diese niederschmetternde Information.

Als der Sensenmann zu reden aufhörte, sagte Eric ruhig: »Okay.« Dann drehte ich mich zur Wand, und eine einzelne, brennende Träne lief mir über die rechte Wange.

Danach wurde alles verschwommen, und ich hatte das Gefühl, als würde ich mich selbst betrachten, als wäre ich Teil eines Kinofilms. Ich sah mich aus einer gewissen Distanz heraus, wie ich im Krankenhausbett lag. Ich sah den Sensenmann neben mir stehen. Das ist nicht mein Leben, dachte ich. Das passiert gerade nicht mir. Das passiert einer anderen Version von mir.

Später erfuhr ich, dass es sich dabei um einen psychologischen Abwehrmechanismus handelt, den das Gehirn anwendet, um sich von zu traumatischen oder katastrophalen Situationen zu lösen, die nicht sofort verarbeitet oder angenommen werden können. Es ist, als würde die Psyche sich kurzzeitig von sich selbst lösen – daher das Gefühl, als stünde man neben sich, als würde man sich selbst beobachten.

Ich werde diesen Moment niemals vergessen, denn in diesem Moment veränderte sich alles in meinem Leben. Bevor Katie auf die Welt kam, stand ich auf der Sonnenseite des Lebens, würde ich sagen. Jetzt schien die Tragödie zugeschlagen zu haben. Meine Glückssträhne war abgerissen.

Als ich im Aufwachraum lag und mein Kind weder sehen noch anfassen wollte, war es für mich, als würde meine Welt zusammenbrechen. Mein Leben, wie ich es kannte, war vorbei. Wie würde sich das auf Teddy auswirken? Was würde aus meiner Beziehung zu Eric werden? Und wie würde ich damit klarkommen?

Als ich mein Kind schließlich ansah, überwältigte mich das intensive Gefühl der Trauer, Furcht, Ablehnung und des Schocks. Und als Eric mich fragte, ob ich sie in den Arm nehmen wollte, schüttelte ich den Kopf und sagte, das ginge nicht, weil mein Körper durch die PDA noch immer zu stark zittere. Doch das stimmte nicht, und ich wusste es. Ich wollte sie einfach nicht in den Arm nehmen. Das hätte es real werden lassen. Sie in den Arm zu nehmen würde sie zu meinem Kind machen. Und ich wollte sie nicht haben.

Nach ein paar Stunden sickerte die Realität so langsam durch, und ich wusste, dass wir unserer Familie und unseren Freunden sagen mussten, dass unser Kind das Down-Syndrom haben könnte. Und ich wusste auch, dass ich das nicht sagen könnte, ohne loszuweinen, also rief Eric bei meinen Eltern an.

Mein Vater, ein sehr weiser, vernünftiger Mann, sagte einen Moment gar nichts und schließlich mit zitternder Stimme: »Das ist egal.«

Meine Mutter wollte es nicht wahrhaben und sagte schnell: »Vielleicht täuscht sich die Ärztin auch.«

Die meisten sagten jedoch einfach nur »Das tut mir leid« – die schmerzhaftesten Worte, die man zu hören bekommen kann, wenn man gerade ein Kind zur Welt gebracht hat.

Glücklicherweise bestand Katie alle medizinischen Untersuchungen, und so wurden wir beide drei Tage nach ihrer Geburt aus dem Krankenhaus entlassen, und ich kam mit einem Baby nach Hause, das ich nicht haben wollte. Ich wollte ein Baby, nur eben nicht dieses.

Natürlich schäme ich mich sehr dafür, das zuzugeben. Aber das ist die Wahrheit. Genauso fühlte ich mich. Und inzwischen habe ich erfahren, dass es einigen Eltern von Kindern mit Down-Syndrom oder anderen angeborenen Anomalien in den ersten Tagen und Wochen direkt nach der Geburt ähnlich ergeht, insbesondere wenn sie vor der Geburt nichts davon wussten.

Für mich waren die ersten paar Monate von Katies Leben qualvoll. Ich konnte keine Beziehung zu ihr aufbauen, empfand keine Liebe für sie. Und ich weinte die ganze Zeit, vor allem nachts, wenn ich ihr die Brust gab oder ihre Windeln wechselte, weil ich das Gefühl hatte, ich kümmerte mich um das Kind einer anderen, und weil ich mir wünschte, sie wäre das Kind einer anderen.

Allein mit ihr zu Hause zu sein war schwer. Doch irgendwo in der Öffentlichkeit zu sein war noch schlimmer. Wo auch immer ich hinging – in den Supermarkt, ins Einkaufszentrum, in den Park –, überall sah ich nur glückliche, junge Mütter mit ihren wunderschönen, »normalen« Babys. Manchmal blickte dann eine Mutter auf Katie, lächelte unbehaglich, warf mir einen ganz offensichtlich mitleidigen Blick zu und wandte sich ab, weil sie nicht wusste, wie sie reagieren oder was sie sagen sollte. Da diese sozialen Kontakte sehr schmerzlich waren, ging ich dazu über, Katies Kinderwagen mit einem Tuch zu verhängen, damit keiner sie sehen konnte.

Als Katie dann drei Monate alt war, passierte etwas, das mich als ihre Mutter für immer veränderte. Sie bekam Hib (*Haemophilus influenzae* Typ b), eine seltene Form der bakteriellen Meningitis, die vor dem Aufkommen von Impfstoffen in einem von zehn Fällen tödlich verlief. Wir eilten mit ihr zu unserem Kinderarzt, der uns direkt ins Kinderkrankenhaus schickte, wo man sie mir aus den Armen nahm, sie sofort auf die Intensivstation brachte und eine Lumbalpunktion vornahm.

Am nächsten Morgen erklärte uns der Spezialist für Kinderinfektionskrankheiten, dass intravenös verabreichtes Antibiotikum die Entzündung heilen konnte, gesetzt den Fall, es wurde rechtzeitig verabreicht, doch das würden wir erst nach 72 Stunden wissen. Also verbrachte ich die folgenden drei Tage und Nächte im Krankenhaus, voller Angst, dass mein Baby, von dem ich dachte, ich würde es nicht wollen, sterben könnte.

So schrecklich diese Woche war, sie war auch sehr transformativ, denn ich hörte endlich damit auf, mich selbst zu bemitleiden. Die Tränen, die ich vergoss, galten nicht länger mir. Sie galten Katie – denn hier lag dieses wunderschöne, drei Monate alte Baby, das eine Lumbalpunktion über sich ergehen lassen musste und gegen einen tödlichen Infekt ankämpfte, das eine Woche lang an einer Infusionsflasche hing und dennoch jeden Morgen mit einem Lächeln aufwachte.

Nach dieser Woche sah ich Katie als das, was sie war: ein kostbares kleines Mädchen. Wie viele andere kleine Mädchen ist sie auch heute noch unleidlich, wenn sie hungrig ist oder müde wird, sie liebt Pizza und Schokokekse und genießt es, im Bad herumzuplanschen. Viel zu lange hatte ich nur die Diagnose gesehen, wenn ich meine Tochter betrachtete. Nach dieser Woche war es mir endlich möglich, einfach nur mein wunderschönes kleines Mädchen zu sehen.

Meine Tochter war mit dem Down-Syndrom auf die Welt gekommen. Noch niederschmetternder als diese Tatsache war (für uns beide), dass ich zunächst nicht wusste, ob ich lernen könnte, sie zu lieben. Doch nachdem der Schock sich gelegt hatte, wurde mir klar, dass meine Liebe für sie immer da gewesen war. Sie war einfach nur tief unter meinem Kummer und meiner Trauer verborgen. Und auch wenn Katie großzuziehen vermutlich das Schwierigste ist, was ich jemals tun werde, so ist sie doch meine Tochter, und ich werde sie niemals aufgeben, niemals.

Machiavelli ist nicht gerade für seine Erkenntnisse zum Thema Liebe bekannt. Doch rückblickend kann ich sagen, dass eine seiner Maximen zu diesem Zeitpunkt in meinem Leben große Resonanz fand, und zwar die folgende: Ohne Machtkämpfe und nicht enden wollende Konflikte ist jedes Individuum einfach nur von einer Sehnsucht nach Liebe erfüllt. Und die verrückteste, unerschütterlichste Form der Liebe, die es gibt, ist die zwischen Eltern und Kind.

Ja, das Leben kann manchmal hart und voller Kummer sein. Freunde, Arbeit, Häuser und sogar Ehepartner können kommen und gehen. Doch dieses eine Band der Liebe und Verpflichtung, das niemals reißt, ist das zwischen Eltern und Kind, selbst und sogar ganz besonders zu Zeiten der Aufruhr und Krise.

Es sieht ganz danach aus, als könnte Machiavelli uns bei allem, was er uns über Fürsten, Macht und Politik beibringen kann, noch mehr über das menschliche Wesen beibringen und darüber, wer wir – als Individuen, als Familien und als Gesellschaft – wirklich sind. Und wenn es zur teilweise harten Realität der Kindererziehung kommt, dann trägt ein solches Wissen am meisten Macht, Klarheit und Gestaltungskraft in sich. Und etwas sagt mir, dass Machiavelli mir hier zustimmen würde.

Kapitel 17
Jene erkennen, die einer Sache gewachsen und getreu sind: Verbündete finden und behalten

Ich schäme mich natürlich zutiefst, zuzugeben, dass ich die extreme Option, meine wunderschöne Katie aufzugeben, überhaupt in Erwägung gezogen habe. Das war meine dunkelste Stunde, mein erniedrigendster Moment als Mutter... und meine aufschlussreichste Wahrheit. Denn er half mir einzusehen, dass ich Hilfe brauchte – mehr Hilfe vermutlich, als ich bereits bekam. Und vielleicht auch mehr Hilfe, als der kompromisslose Machiavelli mir bieten konnte. Ich musste herausfinden, wie ich um Hilfe bitten und sie annehmen konnte.

Mir war klar, dass dies natürlich einfacher gesagt als getan war. Doch genau hier hat Machiavelli ein paar Einsichten zu bieten, insbesondere in Bezug auf die Beziehung zwischen einem Führer und seinen Beratern (die er manchmal auch als dessen »Diener« bezeichnete). Ohne diese zuverlässigen Vertrauten und Helfer gelingt es einem Fürsten nicht, seinen Staat zu regieren – ganz egal, wie mächtig, findig und voller *virtù* er ist. Ja, ich war dabei, das so langsam zu verstehen.

»Die Auswahl der Räte ist keine der geringsten Angelegenheiten des Fürsten und fällt gut oder schlecht aus, nachdem er wohl überlegt oder nicht«, so hält Machiavelli fest. »Man urteilt über ihn und über seinen Verstand zunächst danach, wie die Personen beschaffen sind. Sind sie der Sache gewachsen und getreu, so wird er immer für einen weisen Mann gelten, weil er sie für das erkannte, was sie waren, und sie treu zu erhalten wußte. Trifft das nicht zu, so kann man über ihn kein günstiges Urteil fällen, weil er in einer Hauptangelegenheit Fehler begeht.«

Na gut. Ein Fürst oder Elternteil sollte also seine Vertrauten, Freunde und Berater weise auswählen. Das war ein guter Ratschlag, in der Tat. Doch wie wissen wir, dass wir eine weise Wahl treffen? Machiavelli hat dafür diesen entscheidenden Tipp: »Um Minister zu beurteilen, hat man ein untrügliches Mittel. Sieht man, daß einer mehr an sich als an seinen Herrn denkt und in allen seinen Handlungen seinen persönlichen Vorteil vor Augen hat, so wird man in ihm nie einen guten Minister erwarten und kann ihm nie Vertrauen schenken«, denn »[er] darf nicht mehr an sich denken, sondern an seinen Fürsten, muß alles in Beziehung auf diesen betrachten.«

Das ergibt Sinn, nicht wahr? Aber Machiavelli geht noch weiter und sagt, um einen ehrlichen Berater an seiner Seite zu behalten, müsse ein Fürst »auf der andern Seite [...] wieder an ihn denken, ihm Ehre und Reichtum zuwenden, ihn sich verbinden, an der Ehre und der Führung der Geschäfte teilnehmen lassen«, und ihm gleichzeitig zeigen, »daß er [...] ohne den Fürsten nicht bestehen [kann]«. Abschließend sagt er, »wenn Minister so beschaffen sind, und von den Fürsten so behandelt werden, dann können beide einander trauen; sonst aber wird es sicher mit dem einen oder andern ein schlechtes Ende nehmen«.

Na prima! Doch als ich darüber und über meine eigenen Berater (oder ihr scheinbares Nichtvorhandensein) nachdachte, wurde mir klar, dass mein Mann trotz jüngster Meinungsverschiedenheiten immer für mich da gewesen war, während aller Hochs und Tiefs. Wir führen gewiss keine Märchenehe. Doch abgesehen von meinen Eltern ist Eric der stärkste, engste, treueste und liebevollste »Verbündete«, den ich je hatte. Als ich nach Katies Geburt am Boden zerstört war, war er da: Mein Fels in der Brandung, immer bereit zu helfen, sich dem missgünstigen Schicksal entgegenzustellen und es zu überwinden. Er hat immer an mich geglaubt, mich darin bestärkt, meine Träume zu verfolgen, und war immer mein bester Vertrauter und Partner. Insoweit schienen Machiavellis Erkenntnisse über eine eventuell desaströse Beziehung zwischen einem Fürsten und seinen Beratern nur von geringer Bedeutung für mich zu sein.

Doch bei näherer Betrachtung schreckte ich furchterfüllt vor ihnen zurück, denn ich sah mein Spiegelbild deutlicher, als würde ich in einem Kaufhaus splitterfasernackt in einen Ganzkörperspiegel mit Neonbeleuchtung blicken, in einen, der mir die grausamsten Details meiner menschlichen Schwächen und Unzulänglichkeiten aufzeigte und mir dabei einen Schauer über den Rücken jagte. Denn was ich sah, war ein kurzer, blendender Anblick dessen, was mich davon abhielt, die Mutter zu sein, die ich immer sein wollte, die Mutter, die meine Kinder, insbesondere Katie, so verzweifelt wollten und brauchten.

Zog ich freie, logische Schlussfolgerungen, so wurde mir schließlich klar, dass Machiavellis Erkenntnisse die Quintessenz aller Beziehungen ausmachten, nicht nur zwischen einem Fürsten und seinem Minister, sondern auch zwischen Eltern und Kind. Das hört sich verrückt an, ich weiß. Doch wenn man »Fürst« mit »Kind« ersetzt und »Elternteil« statt »Minister« verwendet, dann würde sich Machiavellis Abschnitt anhören wie folgt: Um Elternteile zu beurteilen, hat ein Kind ein untrügliches Mittel. Sieht es, dass das Elternteil mehr an sich als an seine Kinder denkt und in allen seinen Handlungen seinen persönlichen Vorteil vor Augen hat, so wird man in ihm nie ein gutes Elternteil erwarten und kann ihm nie Vertrauen schenken. Wenn Eltern und Kinder so beschaffen sind, so würde Machiavelli warnen, dann wird es sicher mit dem einen oder andern ein schlechtes Ende nehmen.

Hatte ich über all die langen, schwierigen Jahre meine eigenen Interessen, meine eigenen Kämpfe vor die von Katie gestellt?

Man muss Eric zugestehen, dass er Katie – genau wie ihre Behinderung – vom Tag ihrer Geburt an akzeptierte. Im Gegensatz zu ihm und zu so vielen anderen wunderbaren Müttern und Vätern von Kindern mit Behinderungen, die das besondere Geschenk, das sie erhalten haben, annehmen und akzeptieren, gelang mir ebendies jedoch nicht. Einer der Gründe, wie vernichtend er auch immer sein mochte, war der, dass mir auch in meinem Leben als Erwachsene viel am Lernen und an Sprache, Intelligenz und Erfolg lag. Und so kamen mir Katies Geburt und ihre mentale Behinderung wie eine Tragödie vor, eine, von der ich mich noch nicht ganz erholt hatte.

Die Geburt eines Kindes mit dem Down-Syndrom ist keine Tragödie. In gewisser Weise ist es ein unglaublicher, wenngleich unerwarteter Segen – einer, der selbst die stärksten unter uns vor Gram in die Knie zwingt, dabei aber das Verständnis dafür erweitert, was es bedeutet, ganz und gar Mensch zu sein. Natürlich war ich nicht vorurteilsfrei genug, um das sofort zu erkennen, und an dem Tag, an dem Katie geboren wurde, fühlte es sich an, als wäre mein Herz direkt im Kreißsaal in tausend winzige Stücke zersprungen. Doch statt dass es langsam wieder heilte, wurde es hart.

Zu meiner Verteidigung kann ich wohl nur das eine und vermutlich auch Einzige vorbringen: Ich habe sie immer genauso sehr geliebt wie meine anderen Kinder. Doch ich musste mich jetzt der schrecklichen Frage stellen: Liebte auch sie mich? Und wie könnte sie das?

Es ist nicht einfach, sich dieser Frage gegenüberzusehen, geschweige denn, sie offen und ehrlich vor anderen zu beantworten. Doch erst als ich diesen Tatsachen ins Gesicht blickte, war ich in der Lage, eine neue, wirkliche Beziehung zu Katie aufzubauen, eine, die nicht auf machiavellischen Begriffen der Macht und Autorität basierte, sondern auf einem tieferen, veränderten Verständnis dafür, was es bedeutet, nicht nur eine Mutter, sondern auch ein Mensch zu sein.

Als ich an diesem Abend an Katies Bett saß und ihre Hand hielt, wandte sie den Blick von mir ab. »Es gibt tausend Dinge, die ich dir sagen muss«, sagte ich leise, »doch jetzt werde ich dir nur sagen, dass ich dich sehr liebe und dass ich verstehe, wenn du böse auf mich bist, denn an deiner Stelle wäre ich auch richtig böse auf mich.« Ich machte eine Pause und fügte dann hinzu: »Bei uns beiden gibt es Wunden, die verheilen müssen, aber zusammen schaffen wir das, und ich verspreche, dass ich alles tun werde, um es wiedergutzumachen. Einverstanden?«

Einen Moment saß sie nur da, dann blickte sie auf und starrte mich unumwunden an.

Ein Moment des Erkennens zwischen Mutter und Tochter.

Kurz darauf lächelte sie, dann legte sie die Arme um mich, kuschelte den Kopf an meine Brust, und zum allerersten Mal hörte ich, dass sie deutlich »Mommy« flüsterte. Und während ich unter Tränen lächelte, spürte ich, wie mein Herz weich wurde und heilte.

Vergab sie mir?

War das der Beginn meiner Erlösung?

Ich wusste es nicht. Ich wusste nur, dass sich Machiavelli, als er sich hinsetzte und sein kleines Meisterwerk verfasste, selbst mitten in einer schwierigen Krise befand. Nicht so bekannt ist jedoch, dass seine Frau etwa zur selben Zeit eine Tochter zur Welt brachte, die kurz darauf starb. Ihr Tod lastete schwer auf Machiavelli, wie das auch bei anderen Eltern der Fall gewesen wäre. »Körperlich geht es mir gut«, schrieb er in einem Brief an seinen Neffen Giovanni, in dem er den Tod seiner Tochter erwähnte, »doch in jeder anderen Hinsicht bin ich krank.«

Ich kann mir nicht vorstellen, wie groß die Trauer sein muss, die Eltern nach dem Tod eines Kindes empfinden. Und während ich niemals die Geburt eines Kindes mit Down-Syndrom mit einer solch schlimmen Tragödie vergleichen würde, so trauerte ich doch Monate und Jahre nach Katies Geburt um den Tod des Kindes, das ich mir erträumt, das ich geplant, dann aber verloren hatte.

Der Weg aus diesem Abgrund war nicht einfach, und der Schmerz wird vermutlich niemals ganz verschwunden sein, wie Emily Perl Kingsley so treffend in ihrem Gedicht »Willkommen in Holland« schreibt, in dem sie das Großziehen eines Kindes mit Down-Syndrom mit einer lange ersehnten Reise nach Italien vergleicht, die dann umgeleitet wird. Und wie ich während meiner eigenen Reise (und vom Dichter Khalil Gibran) gelernt habe: »Je tiefer sich das Leid in euer Sein eingräbt, desto mehr Freude könnt ihr fassen.«

Joseph Campbell schrieb: »Nur wenn wir in den Abgrund hinabsteigen, finden wir die Schätze des Lebens. Dort, wo du stolperst, liegt dein Schatz.« Auf meiner Reise mit Katie musste ich in diesen Abgrund hinunter. Doch da, wo ich stolperte, fand ich meinen Schatz.

Genau wie Kingsley und Campbell sprach auch Machiavelli diesbezüglich zu mir. Denn wie ich erfahren hatte, ging es im Grunde genommen bei seiner politischen Philosophie um den Begriff der Zufälligkeit – oder der Flexibilität. Dies betrifft insbesondere die Tatsache, dass der Mensch von den jeweiligen Zeiten abhängig ist und sein Verhalten anpassen muss, um überhaupt mit den Eventualitäten der Geschichte fertigzuwerden. Machiavelli hatte dies gesehen und nüchtern festgehalten, was seine Vorgänger nur stillschweigend wahrgenommen hatten, wenn es ihnen denn überhaupt aufgefallen war.

Diese Philosophie lässt sich auch auf die Kindererziehung übertragen. Und indem ich sie auf mein Leben anwendete, verschaffte sie mir Klarheit. Ich erkannte, dass ich aufgrund meiner Unfähigkeit, mich den wechselnden Eventualitäten – oder Herausforderungen – anzupassen, als Mutter in meinem Leben mit Katie katastrophal versagt hatte. Doch als ich damit anfing, mein Verhalten den Situationen anzupassen, mit denen ich mich herumquälte (ein sehr temperamentvolles, behindertes Kind großzuziehen), war ich in der Lage, diese Notfälle besser zu meistern und mich in der jeweiligen Situation angemessen zu verhalten.

Letzten Endes war der beste (und wichtigste) Verbündete, den ich für mich gewinnen musste, ich selbst. Auf ironische Weise wurde mir ebenfalls bewusst, dass der Schlüssel zu meinem elterlichen Glück und Erfolg – und dem Glück und Erfolg meiner Familie – nicht so sehr darin lag, dass ich versuchte, das Verhalten meiner Kinder zu korrigieren und zu verändern, als vielmehr darin, dass ich mein Verhalten veränderte. Oder, wie Machiavelli raten würde: Nicht nur um Erfolg zu haben, auch um zu überleben, muss ein Führer sich zunächst einmal und vor allem auf sich selbst verlassen können, auf seine *virtù* und seinen Mut. Und dieser entscheidende Ratschlag lässt sich nicht nur auf die Beziehung zwischen einem Fürsten und seinem Volk anwenden, sondern auch auf die zwischen Eltern und Kind.

Kapitel 18

Blicken Sie der Realität ins Auge, statt in Träumen zu schwelgen: Annehmen, was ist

Mit dieser neuen Entschlossenheit und Absicht, und da ich mich außerdem dem Ende von *Der Fürst* näherte, wollte ich mehr darüber in Erfahrung bringen, was für ein Mensch Machiavelli war. Und ich fand heraus, dass er, obwohl er häufig zu Unrecht kritisiert wurde, ein relativ ehrenwerter und rechtschaffener Mann war – wenngleich etwas derb und schroff. Und während er seine Frau beständig betrog, wie das viele florentinische Männer zur damaligen Zeit taten (nicht dass es deshalb in Ordnung wäre!), war er ein liebender Vater, treuer Freund und unerbittlich ehrlicher Beobachter der *conditio humana*. Er kommentierte alles, was ihm unterkam – Grausamkeit, Brutalität, Lügen und Betrug ebenso wie Mut und Tapferkeit – und hatte keine Angst, die Dinge beim Namen zu nennen.

Machiavellis nüchterne Analyse machte ihn später zum Gründervater der politischen Wissenschaft. Ein Fachgebiet, das die Politik untersucht, wie sie tatsächlich praktiziert wird, und nicht, wie manche Philosophen und Idealisten meinen, dass sie praktiziert werden sollte. Sein Bemühen um Wahrheit steht auch im Zentrum seiner Originalität und kommt, wenn schon nicht explizit, so doch implizit auf jeder Seite von *Der Fürst* zum Ausdruck. Wir sehen dies in seinem an Lorenzo de' Medici gerichteten Brief, in dem er schreibt, dass die »Mannigfaltigkeit des Stoffs« für sich sprechen solle. Wir sehen es in Kapitel 15, wo er sagt, dass es ihm »besser scheint, die Dinge so darzustellen, wie sie in Wirklichkeit liegen, als bloßen Phantasien über sie zu folgen«. In Kapitel 23 hält er außerdem fest, dass ein Führer auf der Suche nach Rat eindeutig klarstellen muss, dass »er die Wahrheit hören kann«.

Und während ich darüber nachdachte, ging mir auf, dass diese Konzepte unmittelbar mit dem Leben der Mütter und Väter heutzutage zusammenhingen. Damit will ich Folgendes sagen: Wenn wir unsere Tage damit zubringen, unsere Kinder so gut es geht zu erziehen, sollten wir dann nicht besser »die Dinge so darstellen, wie sie in Wirklichkeit liegen, als bloßen Phantasien über sie zu folgen« (wie ich das zuzeiten insbesondere mit Katie gemacht hatte)? Und wenn wir bei bestimmten Problemen mit unseren Kindern nach Rat suchen, sollten wir dann nicht verlauten lassen, dass wir »die Wahrheit hören können«?

Hier räumt Machiavelli ein, dass ein Fürst nach Rat suchen muss, dass er jedoch nur dann danach fragen sollte, wenn er ihn wirklich benötigt, nicht, wenn andere ihn damit »überschütten«. Ein Fürst muss den Ratschlägen, die man ihm erteilt, auch skeptisch gegenüberstehen und sollte er herausfinden, dass man ihm schmeichelt oder ihn anlügt, dann sollte er »sogar zürnen«. Höfe sind voller Schmeichler, so schreibt er, denn »Menschen sind so von sich eingenommen und täuschen sich dabei dermaßen, daß es den Fürsten schwerfällt, sich vor dieser Pest zu schützen«.

Was will er damit zum Ausdruck bringen? Wie ich herausgefunden habe, bezieht er sich mit Schmeichlern auf jene

Menschen, die einen Führer täuschen, indem sie ihm die Dinge sagen, von denen sie glauben, dass er sie hören möchte, statt ihm einfach die Wahrheit zu sagen. Diesbezüglich sagt er, dass ein Fürst auf der Suche nach Rat »gescheite Leute auswählen muss, diesen allein erlauben, ihm die Wahrheit zu sagen, aber doch nur über Gegenstände, darüber er sie befragt; er muss sie aber über alles befragen, ihre Meinung hören und dann selbst eine Entschließung fassen« und darf »von gefassten Beschlüssen nicht zurückgehen«. »Wer es anders macht«, so schließt er ab, »wird entweder durch die Schmeichler ins Verderben gebracht, oder er wird über der Veränderlichkeit seiner Ansichten, über dem häufigen Schwanken in seinen Entschlüssen verächtlich.«

Wie immer führt Machiavelli ein Beispiel an. Dieses Mal nimmt er den heiligen römischen Kaiser Maximilian, der von einem Geschichtsforscher treffend als »unüberlegt, doch schüchtern, unbelehrbar, aber flatterhaft, stets in Eile und doch immer zu spät« beschrieben wird. Auch Maximilian hat als Führer versagt, weil er ein »verschlossener Mann« war, der »niemanden zu Rate ziehe und doch niemals nach seinem eignen Sinne handle«. Er besprach seine Vorhaben mit keinem, und wenn er versuchte, sie umzusetzen, ließ er sich stets von Schmeichlern und Beratern dazu überreden, einen anderen Kurs einzuschlagen. Das hatte zur Folge, dass die Dinge, »die er an einem Tage angefangen habe, am nächsten wieder zunichtegemacht wurden. Daher könne man nie klug daraus werden, was er vorhabe, und könne auf seine Entschlüsse nicht bauen.« Mit anderen Worten, ein Führer ist dem Untergang geweiht, wenn es ihm nicht gelingt, die Wahrheit zu sehen, zu eigenen Schlussfolgerungen zu kommen und diese dann auch unbeirrt zu verfolgen.

Das gehörte zu den Standardratschlägen in vielen »Fürstenspiegel«-Handbüchern (kleine Selbsthilfebücher für neue und aufstrebende Führer), die zu Machiavellis Zeit in ganz Europa kursierten und von denen die meisten den banalen moralistischen Hinweis enthielten, dass ein Führer immer tugendhaft, barmherzig, großzügig und freundlich zu sein habe. Für Machiavelli waren diese Plattitüden nicht nur lächerlich, sondern auch gefährlich, und er demaskiert sie, weil sie Menschen davon abhalten, die Politik rational zu beurteilen.

Doch Machiavelli geht noch weiter. Und in diesem Punkt betrifft seine Erkenntnis direkt unser Leben, denn er sagt, dass die *conditio humana* sich nie verbessern wird, wenn wir nicht unser wahres Wesen erkennen. In Anklang an Dante, seinen literarischen Helden, gibt Machiavelli zu verstehen: Den wahren Weg ins Paradies finden wir, wenn wir den Weg zur Hölle kennenlernen, um daraus entfliehen zu können.

Ganz egal wie metaphorisch, dieser Ratschlag kann auch auf unsere Kämpfe angewendet werden (von denen manche höllischer sind als andere), bis wir unsere Rolle als Mütter und Väter gefunden haben. Damit möchte ich zum Ausdruck bringen, dass Elternsein selbst unter den günstigsten Voraussetzungen Freude und Last zugleich ist. Der freudige Teil ist einfach. Der harte Teil, vor allem heutzutage, wo alles politisch korrekt ablaufen muss, rührt daher, dass nur sehr wenige bereit sind zuzugeben, dass Elternsein manchmal eine Last sein kann, insbesondere für diejenigen, die ihr wahres Wesen nicht erkennen können oder wollen. Doch nur indem wir uns unserem wahren Wesen stellen, können wir erkennen, was uns davon abhält, der Mensch – oder das Elternteil – zu werden, der wir gerne wären.

Es liegt in der Natur des Menschen, unsere Unzulänglichkeiten auf äußere Dinge zu schieben – auf unseren vollen Terminplan, unsere anspruchsvollen Chefs, das fehlende Geld oder die fehlende moralische Unterstützung. Doch wenn wir unser Leben wirklich verbessern wollen – und in Erweiterung dazu das unserer Kinder –, dann müssen wir zugeben, dass die größten Mängel in uns selbst liegen.

Für mich bedeutete das, zuzugeben, dass ich manchmal egoistisch war, dickköpfig, abwehrend und mich außerdem schnell in meine eigene kleine Welt zurückzog, wenn meine Kinder mich in den Wahnsinn trieben. Glücklicherweise habe ich noch keine Anzeichen dafür gesehen, dass ich ihnen etwas von diesem schlechten Verhalten und diesen Eigenschaften vermittelt hätte. Wenn überhaupt, dann waren sie sehr viel tugendhafter als ich und überraschten mich andauernd mit ihrem freundlichen Wesen, ihrem Mitgefühl und der bedingungslosen Liebe füreinander.

Dieser zuversichtlich stimmende Tatbestand wurde eines Tages dadurch veranschaulicht, dass Teddy mir mitteilte, sie hätte bei einem Schreibwettbewerb an der Schule einen Aufsatz eingereicht, der ausgerechnet Vielfalt zum Thema hatte.

»Vielfalt? Wow«, sagte ich überrascht. »Worüber hast du denn geschrieben?«

»Katie«, sagte sie rundheraus.

»Darf ich ihn lesen?«

»Ja«, sagte sie lächelnd. »Ich habe den zweiten Platz gemacht, und er hängt in der Bibliothek der Schule aus.«

Als sie mir ihren Aufsatz später zeigte, über dem ein Foto von ihr und Katie klebte, lächelte ich. Beim Lesen wurde meine Kehle dann immer enger. Sie hatte Folgendes geschrieben:

DAS IST KATIE

Vielfalt in Zwei Schwestern von Teddy Evans King

> Katie ist meine Schwester. Sie ist anders. Sie hat das Down-Syndrom, und ihr Gehirn arbeitet nicht so schnell wie das von anderen Kindern, trotzdem ist sie eine tolle Schwester. Wir spielen gerne zusammen und amüsieren uns mit unserer Katze Blackie und ihren Jungen. Wir sind sehr unterschiedlich, aber wir sind trotzdem Schwestern.

Das war besser als jede Maxime, die ich lesen, oder jeder Ratschlag, den man mir geben könnte. Von meiner Tochter hatte ich ein dringend benötigtes Beispiel bekommen, eines, dem Machiavelli applaudiert hätte, eines, in dem sie sich ihrer Realität unumwunden gestellt und die wahre Natur der Dinge hinter Katies Behinderung erblickt hatte.

Als Teddy sich an diesem Abend den Pyjama anzog, kam ich in ihr Zimmer und griff in die oberste Schublade ihrer Kommode. »Ich habe eine Überraschung«, sagte ich und zog unser geliebtes weißes Stoffkätzchen ohne Fell hervor. (Das mutmaßliche Verschwinden von Special Kitty hatte uns beide schwer getroffen. Es war nicht einfach nur irgendein Plüschtier. Es symbolisierte Teddys Geburt und war ein Zeichen für das innige Band der Liebe und Zuneigung zwischen uns; Special Kitty symbolisierte »uns«.)

»Special Kitty!«, keuchte sie. »Wo hast du es gefunden?«

»Es hat zwischen der Wand und dem Bettpfosten geklemmt.«

»Also war es die ganze Zeit hier?«

»Ja.«

Einen Moment war Teddy ganz still, dann fragte sie: »Erzählst du mir noch mal die Geschichte, warum du es so genannt hast?«

Ich nickte und setzte mich zu ihr aufs Bett. »Weil ich sieben Jahre gebraucht habe, um mit dir schwanger zu werden«, fing ich an. »Und als ich herausgefunden habe, dass ich schließlich schwanger war, war ich so schockiert und aufgeregt zugleich, dass ich nicht wusste, was ich tun sollte, also habe ich mein kleines Plüschkätzchen genommen ...«

»Special Kitty«, unterbrach sie mich.

»Ja, und dann bin ich mit ihm vor den Spiegeltüren des Schlafzimmerschranks herumgehüpft.«

»Und dann hast du es jeden Abend mit ins Bett genommen, bis ich auf die Welt gekommen bin«, sagte Teddy. »Und deshalb hat es jetzt kein Fell mehr.«

»Genau.«

»Ich bin so froh, dass du es gefunden hast«, flüsterte sie.

»Ich auch«, erwiderte ich leise. »Und wenn es dir hier manchmal zu chaotisch wird und du öfter bei deinem Dad bleiben willst, dann frag einfach, okay? Ich will nur, dass du glücklich bist.«

Sie wurde wieder ganz still, lächelte und sagte dann: »Danke, Mom.«

Und als ich ihr einen Gutenachtkuss gab, erfüllte mich wieder ein merkwürdig friedvolles, angenehmes Gefühl. Denn obwohl ich mich als Elternteil gerade meiner schlimmsten Furcht gestellt hatte, wusste ich doch, dass wir als Mutter und Tochter gut zurechtkamen, ganz egal, wie oft sie nicht bei mir wäre, sondern bei ihrem Vater übernachten würde.

Wenn wir uns den harten Realitäten des Lebens stellen müssen, dann ist es für uns und unsere Kinder manchmal am besten, der Wahrheit ins Gesicht zu sehen, uns ihr zu stellen und gemeinsam mit unserem Leben weiterzumachen. Oder, wie Machiavelli raten würde: Den wahren Weg ins Paradies finden wir, wenn wir den Weg zur Hölle kennenlernen (oder in welchem elterlichen Dilemma wir uns auch immer befinden mögen), sodass wir wissen, wie wir aus ihr entfliehen können.

Kapitel 19
Befreiung ist wenig nützlich, wurde sie nicht aus eigener Kraft erreicht: Eigenständigkeit entwickeln

»Ferner meiner Sehnsucht, dass diese Herren des Hauses Medici mich verwenden möchten, sollten sie auch damit anfangen, mich einen Felsblock wälzen zu lassen. Wenn ich sie mir dann nicht zu gewinnen vermöchte, hätte ich es mir selbst zuzuschreiben.«

Machiavelli, Brief an Francesco Vettori, 1513

Nach den Hochs und Tiefs befand ich mich wieder auf dem richtigen Weg mit meinen Kindern. Doch indem ich mich so stark auf sie konzentrierte, hatte ich ein paar tief sitzende Konflikte in meiner Ehe ignoriert, die gewachsen waren wie die Wahrheit, die, »wenn man sie begräbt, sich zusammenballt und eine solche Sprenggewalt entwickelt, dass sie an dem Tage, an welchem sie sich durchsetzt, alles mit sich in die Luft reißt«, um den französischen Philosophen Émile Zola zu zitieren.

Wenn sich das pathetisch anhört, dann deshalb, weil Eric und ich, je mehr wir uns dem Ende meines machiavellischen Experiments näherten, nicht bloß miteinander zankten, sondern über alles einen handfesten Kampf austrugen.

»Wir beide können um ein Stück Schweizer Käse kämpfen«, scherzte er einmal.

Und er hatte recht. Es verging kaum ein Tag oder ein Abend, an dem wir nicht unterschiedlicher Meinung über etwas waren. Und wie bei vielen Eltern – Studien belegen, dass die eheliche Zufriedenheit nach dem ersten Kind drastisch abfällt – kamen die meisten unserer Meinungsverschiedenheiten daher, dass wir Unstimmigkeiten bezüglich der Erziehung unserer Kinder hatten. Was in Ordnung gewesen wäre, hätten wir Kompromisse gefunden oder uns wenigstens darauf verständigt, dass wir bei manchen Dingen einfach verschiedene Ansichten hatten. Doch das gelang uns manchmal nicht, und mir kam es so vor, als würde Eric mich plötzlich bei allem kritisieren, was ich als Mutter tat – oder eben auch nicht.

Wenn Katie ungezogen war, warf er mir vor, sie nicht zu maßregeln, dabei hatte ich seit dem Tag, an dem sie die Wand mit meinem Lippenstift beschmiert und Wasser über meinem Laptop ausgeleert hatte, quasi nichts anderes getan.

Wenn Trevor nicht sofort »Bitte« oder »Danke« sagte, dann war ich in Erics Augen zu nachlässig. (Dabei gehören »Bitte« und »Danke« zu den grundlegenden Regeln, die ich meinen Kindern seit dem Tag konsequent und beharrlich eintrichterte, an dem ihnen klar geworden war, dass ich ihnen einen riesigen Gefallen erwies, wenn ich ihre Windeln wechselte.)

Und wenn mein Arbeitspensum sich anhäufte und ich einen Babysitter benötigte, der abends auf Katie aufpasste, und ich meine Mutter bat, nach Teddy und Trevor zu sehen, dann warf er mir vor, dass ich keine Zeit mit meinen Kindern verbringen wollte.

»Du bist noch nicht einmal gerne mit deinen Kindern zusammen«, zog er mich eines Abends spöttisch auf. »Am liebsten sitzt du am Computer und schreibst.«

»Hör auf, das zu sagen!«, blaffte ich ihn an. »Ich bin gerne mit meinen Kindern zusammen und ich schreibe gerne! Was ist daran falsch?«

»Du gehst mit deiner Zeit egoistisch um«, schnauzte er zurück.

»Und du bist ein Narzisst!«, pflaumte ich ihn an. »Immer denkst du, dass du recht hast!«

»Ich habe immer recht.«

»Ach, tatsächlich? Ist es immer richtig, seine Frau zu kritisieren?«

Zu dieser speziellen Auseinandersetzung kam es nach einem langen Tag, an dem Eric allein in seinem Büro gearbeitet hatte, während ich zu Hause gekocht, geputzt, gesaugt, gewischt und alle halbe Stunde ein Auto voller Kinder quer durch die Stadt gekurvt hatte, während ich gleichzeitig versuchte, zwischendurch noch etwas zu arbeiten.

Fairerweise muss ich sagen, dass ich sein Dilemma etwas nachvollziehen konnte. Nachdem er den Großteil seines Lebens damit zugebracht hatte, als professioneller Golfspieler um die Welt zu reisen, war er jetzt verheiratet, hatte vier Kinder zu versorgen und musste hart arbeiten – härter als je zuvor in seinem Leben. Und dennoch ... ich empfand es noch immer als ungerecht, dass es ihm zustand, morgens gegen sieben, acht Uhr das Haus zu verlassen und bis acht, neun Uhr abends zu arbeiten, denn ich arbeitete genauso hart und kümmerte mich dabei fast allein um den Haushalt.

Sie wissen, wovon ich spreche? Das ist *wirklich* nicht gerecht. Aber diese Aufteilung von Familienangelegenheiten können bis in prähistorische Zeiten zurückverfolgt werden, als der *Homo erectus* aus seiner Höhle gekrabbelt kam, um mit seinen Kumpel jagen und sammeln zu gehen, während seine bessere Hälfte zu Hause blieb und auf die Kleinen aufpasste.

Doch das war Schnee von gestern, wie man so schön sagt. Und dennoch ging es bei einem meiner größten Probleme mit meinem Mann nicht darum, die Familie zu versorgen, sondern vielmehr um das zeitgemäße Problem, die Kinder zu »unterhalten«.

Als ein äußerst charismatischer, spaßiger Typ glaubt Eric, dass es eine ziemlich grausame und ungewöhnliche Bestrafung ist, wenn Eltern ihre Kinder dazu zwingen, sich selbst zu beschäftigen, wenn ihnen langweilig ist. Stattdessen ist er der Meinung, Kinder sollten buchstäblich ihre ganze Freizeit draußen verbringen – mit Rollern, Skateboards, Dreirädern und Fahrrädern, sie sollten schwimmen, fischen, Boot fahren oder wandern gehen oder ansonsten fröhlich am Strand, auf dem Spielplatz oder im Park herumtoben.

Verstehen Sie mich nicht falsch: Ich stimme völlig zu, dass Kinder körperlich fit sein, viel Zeit draußen verbringen und Spaß haben sollten. Das ist gesund. Das ist mir klar. Doch ich glaube auch, dass sie ebenso sehr ruhige Momente benötigen, während derer sie kreativere, phantasievolle, beschauliche und intellektuelle Bestrebungen verfolgen. Ich bin der Meinung, Kinder profitieren davon herauszufinden, wie sie sich selbst beschäftigen können, statt andauernd nur mit irgendwelchen Aktivitäten »verplant« zu sein.

An irgendeinem Sonntag wachte Daniel im Morgengrauen auf, kam schnurstracks in unser Schlafzimmer und verkündete, ihm sei langweilig. »Kann ich Skateboard fahren gehen?«, fragte er, während ich mir müde die Augen rieb.

»Klar, Kumpel«, flötete Eric und sprang aus dem Bett wie ein Soldat, der einem Sergeant gehorchte.

»Kann das nicht warten?«, fragte ich. »Es ist nicht gerade nett, unsere Nachbarn an einem Sonntag so früh zu wecken.«

Natürlich traf mein Einwand auf taube Ohren, und die beiden zogen los. Nachdem es Daniel dann mit dem Skateboard langweilig wurde, spielten sie Basketball, fuhren Fahrrad, kickten etwas herum, spielten fangen und schnappten sich schließlich ihre Schwimmsachen und gingen ins Schwimmbad.

Das alles vor neun Uhr.

Und als sie wieder zu Hause waren, ließ Daniel sich auf die Couch fallen, aß etwas Müsli und verkündete dann erneut, ihm sei langweilig.

Ich frage mich, was daran falsch sein soll, wenn den Kindern hin und wieder langweilig wird. Es ist ja nicht so, als würden ihre Muskeln schwinden, wenn sie mal ein paar Stunden ruhig dasitzen und lesen, schreiben oder einfach nur an die Wand starren und denken: »Ach, menno, mir ist sooo langweilig!« Müssen wir Eltern unsere Kinder ständig unterhalten? Müssen sie nicht die Energie und die Initiative entwickeln, sich selbst darum zu kümmern? Vielleicht ist es ja gar nicht schlecht, wenn Kinder sich hin und wieder etwas langweilen.

Langeweile war natürlich auch etwas, gegen das Machiavelli ankämpfte, nachdem er sein Amt verloren und man ihn mit seiner Frau und den sechs kleinen Kindern aufs toskanische Land geschickt hatte. Er ging dagegen vor, indem er sich unverzüglich hinsetzte und seinen kurzen Leitfaden über Politik verfasste, eine knappe, leidenschaftliche Arbeit, die ihm seinen Platz in der Politik- und Literaturgeschichte sicherte. Tatsächlich findet Machiavellis Prosa in *Der Fürst* und dessen letzten Kapiteln zu besonders großartiger Form, wenn er seine Vision auf ein starkes, vereintes Italien lenkt, eines, das von erneuerter Stärke erfüllt ist und seinen Platz unter den mächtigen Nationen einnimmt. Es würde noch weitere dreieinhalb Jahrhunderte dauern, ehe Italien als Nation vereint war, doch er klammerte sich entschieden an seinen Traum, als er sein Meisterstück im Winter 1513 »unterfütterte und glatt schliff«.

Wenn er abends den Stift weglegte und über Italiens Schicksal nachgrübelte, erkannte er in der natürlichen Faulheit des Menschen den Hauptthinderungsgrund, der sein Heimatland davon abhielt, sein ruhmreiches Potenzial völlig auszuschöpfen. »Der gewöhnliche Fehler der Menschen [besteht darin], bei gutem Wetter nicht an den Sturm zu denken«, verkündet Machiavelli. Damit will er sagen, dass manche italienische Fürsten ihre Staaten aufgrund ihres fehlenden Mutes und mangelnder militärischer Stärke verloren haben. Sie »entflohen, wenn sie sich verteidigen [hätten müssen]«. Sie waren in friedvollen Zeiten müßig, bereiteten sich nicht auf eine Krise vor. Und wenn sie besiegt wurden, lehnten sie sich zurück und hofften darauf, dass die Menschen sie zurückberufen würden. Seiner Meinung nach waren sie nicht so sehr gelangweilt als vielmehr faul. Vielleicht etwas zu viel mediterrane Sonne.

Doch wie Machiavelli wiederholt in seinem Buch hervorhebt, ist es immer gefährlich, das eigene Überleben von anderen abhängig zu machen. Stattdessen, so drängt er, ist die beste Verteidigung für einen Fürsten der eigene Mut. Machiavelli spricht hier von Italiens Fürsten, doch bei genauerer Betrachtung könnte er auch von sich selbst sprechen. Er mühte sich ab, seine junge Familie zu versorgen, langweilte sich zu Tode und hatte keinerlei Aussicht, sofort irgendwo eine Stelle zu finden, also konnte er sich nur auf sich selbst und seinen Mut verlassen.

Im Lateinischen beinhaltet das Wort *valore* Mut, Ehrenhaftigkeit und Stärke, und wenn Machiavelli etwas war, dann mutig und stark, und abgesehen von Langeweile und Tod schien er nicht viel zu fürchten. Woher ich das weiß? Weil er das in einem Brief an seinen Freund Vettori schreibt, den frisch ernannten florentinischen Gesandten beim Medici-Papst in Rom. Es ist einer der berühmtesten Briefe in der gesamten italienischen Literatur, und Machiavelli legt darin die Methoden und Motive für das Schreiben seines Meisterwerks dar:

»Wenn aber der Abend kommt, gehe ich heim und in mein Schreibzimmer; und auf der Schwelle werfe ich den Bauernkittel ab mit seinem Schmutz und Kot und lege Königs- und Hofgewänder an, und stattlich gekleidet, betrete ich die antiken Hallen der antiken Helden. Liebenswürdig von ihnen empfangen, nähre ich mich von der Speise, die mein Alleineigentum ist. Da brauche ich keine Scheu zu haben, mit ihnen zu reden, sie nach den Motiven ihrer Taten zu befragen; und sie antworteten mir in ihrer humanen Art. Vier Stunden lang spüre ich keine Langeweile, vergesse alles Leiden, fürchte keine Armut und habe kein Grauen vor dem Tod …«

Machiavelli setzt hier Langeweile mit Tod gleich, suggeriert, dass es einen direkten, linearen Abstieg von Stillstand oder Langeweile zu seinem eigenen, mutmaßlich zu früh eintreffenden, unehrenhaften Tod gibt. Wenn das stimmt, dann wäre es nicht übertrieben zu sagen, dass *Der Fürst* nicht nur während eines Moments tiefer persönlicher und beruflicher Krise entstanden ist, sondern dass die lähmende und bedrückend isolierende Tyrannei der Langeweile eine intensive existenzielle Krise für ihn bedeutete. Sein erzwungenes frühes Ausscheiden war seine persönliche Hölle, eine, derer er sich jeden Tag bewusst wurde und der er nur durch seine spätabendlichen Beratungen mit Männern aus der Antike entfliehen konnte.

Vermutlich half ein nettes Glas Chianti auch dabei.

So oder so ist es nicht überraschend, dass er im gleichen Brief Sisyphos, die Figur aus der antiken griechischen Mythologie, erwähnt, dazu verdammt, einen Felsblock einen Hügel hinaufzurollen, nur um dabei zuzusehen, wie er wieder hinunterrollt, und dann dieselbe langwierige, einsame Aufgabe Tag für Tag bis in alle Ewigkeit erneut zu wiederholen. »Ferner meiner Sehnsucht, dass diese Herren des Hauses Medici mich verwenden möchten«, klagt Machiavelli, »sollten sie auch damit anfangen, mich einen Felsblock wälzen zu lassen. Wenn ich sie mir dann nicht zu gewinnen vermöchte, hätte ich es mir selbst zuzuschreiben.«

Und erlauben Sie mir, hier die Frage zu stellen, ob es etwas Wichtigeres, aber Stumpfsinnigeres und Ermüdenderes gibt als den täglichen Alltagstrott für Eltern, insbesondere, wenn die Kinder noch klein sind? Wir wachen im Morgengrauen auf, und es geht los mit füttern, aufstoßen, knuddeln, spielen, baden, wickeln, lesen, singen, in den Schlaf wiegen und unaufhörlich immer so weiter, bis wir vor Erschöpfung kollabieren; nur um dann am nächsten Tag aufzuwachen, um dieselben Aufgaben ein ums andere Mal zu wiederholen, was uns in unseren dunkelsten Stunden wie eine Ewigkeit vorkommt.

Und auch wenn ich nicht weiß, ob Machiavelli mir hier zustimmen würde, so glaube ich doch, dass Langeweile ein entscheidender Auslöser für Kreativität ist. Wenn wir uns langweilen, kommen uns neue Ideen. Ruhte Newton nicht ermattet unter einem Apfelbaum, als er das Gravitationsgesetz entdeckte? Lag Archimedes, der größte Mathematiker der Antike, wenn nicht aller Zeiten, nicht gerade in der Badewanne, als er eine Erleuchtung hatte? Und war Machiavelli nicht zu Tode gelangweilt, als er sich hinsetzte und sein Meisterwerk schrieb?

Langeweile sollte folglich nicht gefürchtet, sondern angenommen werden. Wenn sie uns zuwinkt, dann sollten wir (und unsere Kinder) ihr nachgeben, denn das sind die Momente, in denen die Inspiration häufig zuschlägt. Wenn Sie anderer Meinung sind, dann denken Sie über die Worte von Walt Disney nach, der einst sagte: »Mickey Maus ist vor 20 Jahren während einer Zugfahrt von Manhattan nach Hollywood auf meinem Zeichenblock entstanden, als das Geschäft für meinen Bruder Roy und mich gerade an einem Tiefpunkt angekommen war und das Desaster an der nächsten Ecke auf uns zu warten schien.«

Stellen Sie sich das nur vor! Diese Idee führte zum Magic Kingdom – dem »Glücklichsten Ort auf Erden« –, und das gesamte Disney-Imperium wurde auf einer langen, langweiligen Zugfahrt quer durch das Land geboren.

Macht sich Langeweile da nicht bezahlt?

Werden wir beständig stimuliert oder unterhalten, dann gibt es keinen Raum in unserem Kopf für neue Ideen – und genau deshalb glaube ich so fest daran, dass wir Eltern unseren Kindern ab und an das Geschenk der Langeweile machen müssen.

Das habe ich natürlich nicht immer geglaubt, und eine meiner größten Ängste als Kind, abgesehen von der vor Schmetterlingen, Schlangen, Erdbeben und großen weißen Haien, bestand darin, mich zu langweilen. Ich hasste es, wie entsetzlich langsam die Zeit verging, und das scheinbar unausweichliche, erdrückende Gefühl, nichts zu tun zu haben, nirgendwohin zu können. Meine Eltern kamen mir nur selten zu Hilfe, wenn ich eine weitere Schlacht gegen das gefürchtete Monster Langeweile schlug. Stattdessen ließen sie mich allein, sodass ich direkt in sein schreckliches Antlitz blicken musste.

An einem heißen Tag im August saß ich wie ein pathetischer achtjähriger Zombie auf der obersten Stufe unserer avokadogrünen, mit Teppich überzogenen Treppe und starrte an die Wand, bis meine Mutter mit einem Armvoll Wäsche vorbeirauschte, ich dann zu ihr aufblickte und jammerte: »Mir ist sooo langweilig, ich halte es nicht mehr aus!«

Doch statt dass sie sich an mich gekuschelt und irgendetwas Lustiges vorgeschlagen hätte, das wir zusammen hätten unternehmen können – Disneyland, ein großer Freizeitpark oder auch einfach der blöde Park um die Ecke! –, sah sie mich nur an und sagte sanft, aber bestimmt: »Das Leben ist nur für die Langweiligen langweilig.«

Damit verschwand sie im Wäschekeller.

»Hrumph.« Ich zog eine Schnute, langweilte mich noch mehr als zuvor. Doch während ich so dasaß und an die Wand starrte, traf mich die Erkenntnis. Ich konnte entweder hier sitzen bleiben und mich langweilen, dachte ich, oder ich konnte etwas unternehmen. Mit diesem kurzen Blick auf das Offensichtliche glitt ich nach draußen, füllte eine alte Blechgießkanne randvoll mit Wasser und verbrachte den Rest des Nachmittags damit, aus Schlamm Kekse, Kuchen und Torten zu backen.

»Immer noch gelangweilt?«, rief mir meine Mutter von der Veranda kurz vor dem Essen zu.

Von Kopf bis Fuß schlammverdreckt, schüttelte ich den Kopf und lächelte.

Das Leben ist nur für die Langweiligen langweilig.

Das war eine kleine, aber bedeutende Lektion, und als ich älter wurde, verlor das Spielen im Schlamm seinen Reiz, also wandte ich mich stattdessen Büchern zu, um gegen meine Langeweile anzugehen. So breitete sich eine völlig neue Welt vor mir aus, eine, die mich auf magische Weise nach Narnia, Oz, Neverland und an viele andere unbekannte und verwunschene Phantasieorte brachte.

Dann ein Sprung vier Jahrzehnte weiter zu einem kalten

Wintertag, als ich beschloss, meinen Kindern das Geschenk der Langeweile zu machen. Ich hatte Teddy gerade von der Schule abgeholt, und während ich an meinem Laptop saß, bereitete sie sich einen Nachmittagssnack zu. Keine fünf Minuten waren vergangen, als sie mich ansah und fragte: »Was machen wir jetzt, Mom? Mir ist soo langweilig!«

Ich dachte an meine Mutter, als ich mich zu ihr umdrehte und sanft, aber bestimmt sagte: »Das Leben ist nur für die Langweiligen langweilig.«

»Häh?«, erwiderte sie, als hätte ich gerade etwas in irgendeiner merkwürdigen Fremdsprache gesagt.

»Das Leben ist nur für die Langweiligen langweilig«, wiederholte ich. »Das hat Oma immer zu mir gesagt, als ich so alt war wie du, und das bedeutet, wenn man nichts finden kann, womit man sich beschäftigen könnte, dann wird man sich vermutlich langweilen. Sehr langweilen.«

Ein befremdlicher Ausdruck huschte über ihr Gesicht, sie schnappte sich ihren Snack und schlurfte auf ihr Zimmer. Eine halbe Stunde später kam sie nach unten gerannt und ließ ein kleines, handgeschriebenes Geschenk auf meinen Schoß fallen.

»Was ist das?«, fragte ich.

»Eine Biografie des Rennpferdes Seabiscuit.« Sie lächelte stolz.

Zugegeben, sie stammte fast Wort für Wort von Wikipedia. Dennoch hatte sie ihre eigene Schlacht gegen die Langeweile mit einer erstaunlichen Zurschaustellung an Kreativität und Phantasie erfolgreich geschlagen.

Seit diesem Tag hat sie eine Biografie von Martin Luther King junior und seiner »Ich habe einen Traum«-Rede geschrieben und überlegt momentan, ob sie ihre nächste Biografie über den Muppets-Erfinder Jim Hensen, das Rennpferd

Secretariat, Steve Jobs oder Kleopatra schreiben soll. Hätte ich ihrer verzweifelten Bitte nach Unterhaltung nachgegeben, dann hätte sie vielleicht nicht gelernt, wie sie sich selbst beschäftigen konnte, eine außerordentlich wichtige Fähigkeit und ein sehr wertvolles Geschenk, das sie sich hoffentlich ihr ganzes Leben erhält.

Mit zunehmendem Alter wurde Daniel immer unabhängiger und war seltener bei uns zu Hause. Wie viele Teenager liebt er Sport und spielt momentan Baseball, Fußball und Football in einer Mannschaft und hat gerade bei der Rettungsschwimmer-Jugend angefangen – alles Dinge, die zusammen den Großteil seiner Freizeit für sich beanspruchen. Und auch wenn ich der Meinung bin, dass es ein bisschen viel ist, seinem Kind zu erlauben, sich in so vielen Sportarten zu messen (für mich wäre es das definitiv!), so ist es für Daniel der Himmel auf Erden. Er liebt es über alles – den Wettkampf, das Geschrei, die Gruppendynamik und die sportliche Betätigung, was wunderbar ist. Und was soll ich sagen? Er kommt ganz nach seinem Vater. Letzten Endes sind manche Kinder vermutlich einfach so beschaffen, dass sie sich lieber in aller Ruhe in etwas vertiefen. Und andere drängen eben auf Action. Und das ist auch in Ordnung so.

Doch ich glaube, dass zu viele Eltern heutzutage Angst haben, ihren Kindern das Geschenk der Langeweile zu machen. Stattdessen füllen sie ihre Tage mit endlosen, frenetischen und häufig sinnlosen Beschäftigungen. Indem wir ihre Tage so strukturieren, schaffen wir, allem Anschein nach, eine Generation von Unternehmungssüchtigen. Damit erweisen wir aber nicht nur unseren Kindern keinen Dienst. Wenn wir nämlich darin übereinstimmen, dass wir ohne Langeweile *Der Fürst* und viele andere wunderbare literarische, poetische, philosophische und wissenschaftliche Werke nicht hätten, dann erweisen wir damit auch der heutigen Gesellschaft absolut keinen Dienst.

Ein Weg, vielleicht der einzige Weg aus dieser Falle, besteht darin, seinen Kindern zu erlauben, sich zu langweilen. Wenn wir das zulassen können, dann wird der Zweck (eine erstaunliche Entfaltung von Kreativität und Phantasie) die Mittel heiligen (die Verweigerung, sie beständig zu unterhalten).

Jetzt musste ich nur noch meinen Mann davon überzeugen.

Das war natürlich einfacher gesagt als getan, da dieses ganz besondere Problem die enorme Verschiedenheit von Eric und mir widerspiegelte. Mein Wesen ist introvertiert und ruhig, und ich ziehe ein gutes Buch einer lärmenden Party vor. Eric ist extrovertiert, der Mittelpunkt einer Party und immer bereit, einer Einladung zu folgen, um sich mit dem nächsten Freund zu treffen. Und obwohl wir beide so unterschiedlich sind und häufig bis zum Äußersten kämpfen, so lieben und respektieren wir uns auch über alles – und eines steht fest: Ich langweile mich *nie*!

Doch dieses Buch heißt *Machiavelli für Mütter*, nicht *Machiavelli für die Ehe*, also füge ich einfach hinzu, dass eine weitere von Machiavellis Maximen mich angesprochen hatte. Und zwar diese: »In allen Städten und bei allen Völkern existieren und haben schon immer dieselben Verlangen und Wünsche existiert.« Dies im Hinterkopf und bei objektiver (im Gegensatz zu idealistischer) Betrachtung meiner Ehe – wozu Machiavelli raten würde – erkannte ich, dass mein Mann und ich, trotz großer Unterschiede über die letzten Jahre, wenn es um unsere Kinder, unsere Familie und unsere Ehe ging, immer dieselben Wünsche und Leidenschaften hatten.

Und diese Maxime beinhaltet ein wichtiges Körnchen Wahrheit für alle Menschen überall, egal, ob man ein Fürst in der Renaissance ist, der versucht, einen geordneten Staat aufrechtzuerhalten, oder eine Mutter oder ein Vater heutzutage, die versuchen, eine glückliche, wohlgesittete Familie um sich zu versammeln. Wenn die Leidenschaften und Wünsche – die ultimativen Ziele – immer dieselben sind, dann ist das alles, worauf es letzten Endes ankommt.

Fazit: Genau wie die Mutterschaft ist auch die Ehe schwer – was exponentiell ansteigt, wenn dann auch noch Kinder hinzukommen. Man braucht keinen Machiavelli, der einem das sagt. Doch Folgendes habe ich von ihm darüber gelernt, verheiratet zu sein und Kinder zu haben: Nehmen Sie die Konflikte als etwas Gegebenes an, wählen Sie Ihre Schlachten weise und konzentrieren Sie sich auf das, was Sie und Ihren Ehepartner eint, statt auf das, was Sie trennt und verrückt macht.

Und egal, ob Sie unrecht oder recht haben, versuchen Sie diesen kleinen, entwaffnenden Trick: Lächeln Sie Ihren Partner liebevoll an und sagen Sie: »Tut mir leid. Ich war ein Trottel.« Wenn Sie das tun können, dann wird Ihr Kampf abrupt aufhören, und Sie und Ihre bessere Hälfte können endlich einmal wieder von dem dringend benötigten Lachen profitieren. Mit anderen Worten: Wenn es zu Ehe und Elternschaft kommt, dann ist das Gefühl, ein gemeinsames Ziel zu haben und sich einig zu sein, gemischt mit einer Prise Humor manchmal, um nicht zu sagen immer, die beste Strategie. Und aus Gründen, die Sie noch erfahren werden, bin ich überzeugt davon, dass Machiavelli mir hier zustimmen würde.

Kapitel 20
Über Humor: Machiavellis entspanntere Seite

»[Wir wissen jetzt, dass Machiavelli] mit diesem Lächeln dem Elend des Lebens trotzte, um sich nicht von der Qual, der Empörung und der Melancholie übermannen zu lassen, weil er weder den Menschen noch der Göttin Fortuna die Genugtuung gönnte, ihn weinen zu sehen. Sein Lächeln war aber nicht nur seine Art, sich gegen das Leben zu wehren, sondern auch, sich ins Leben zu stürzen.«

Maurizio Viroli, Das Lächeln des Niccolò

Wie wir alle wissen, ist »machiavellisch« ein Inbegriff für Betrug, Verlogenheit und den gerissenen und ruchlosen Einsatz von Macht. Im Lauf meiner Lektüre von *Der Fürst* hatte ich jedoch herausgefunden, dass Machiavelli ein warmherziger, geistreicher Mann war, wenngleich bisweilen etwas taktlos, der von seinen Freunden für seinen derben, scharfzüngigen, selbstironischen Sinn für Humor geliebt wurde. Und wie ein Beobachter sagte: »Wenn er in seinen veröffentlichten Schriften erfrischend frei von konventionellem Denken war, so war er in seinen privaten Unterhaltungen und seinem Schriftverkehr noch ikonoklastischer, lustiger und selbstironischer.«

Inwiefern?

Nun, als er kurz vor der Beerdigung seines Vaters erfuhr, dass andere das Familiengrab heimlich mitbenutzt hatten, wurde er nicht wütend, sann nicht auf Abrechnung. Stattdessen antwortete er nur: »Sollen sie dableiben, mein Vater liebte eine gute Unterhaltung, und je mehr ihm Gesellschaft leisten, umso erfreuter wird er sein.«

Das ist doch ziemlich geistreich, oder nicht? So oder so, es gibt viele Hinweise in Machiavellis Briefen und in denen seiner Zeitgenossen, die andeuten, dass er ein sehr liebenswürdiger, bodenständiger Typ war, mit dem man vermutlich ganz wunderbar in Tavernen und Bars abhängen konnte. Doch es waren seine Gedichte, Erzählungen und Stücke, die mir den deutlichsten Eindruck von seiner frivolen Phantasie und Scharfsinnigkeit verschafften. In seiner Komödie *Clizia* macht er sich zum Beispiel über die Torheit eines alten Mannes lustig, der einer wunderschönen jungen Frau nachsteigt, und in der Novelle »Belfagor« muss sein Protagonist zwischen den Qualen der Hölle und der Furcht vor einer Hochzeit wählen. *Ha!*, dachte ich. Jeder, der lange genug verheiratet ist und Kinder hat, kann den Witz darin erkennen, nicht wahr?

Selbst der dunkle und grüblerische deutsche Philosoph Friedrich Nietzsche hat in Machiavellis Prosa Humor entdeckt und bemerkt, dass er uns in *Der Fürst* »die trockne feine Luft von Florenz atmen lässt und nicht umhin kann, die ernsteste Angelegenheit in einem unbändigen Allegrissimo vorzutragen: vielleicht nicht ohne ein boshaftes Artisten-Gefühl davon, welchen Gegensatz er wagt, Gedanken, lang, schwer, hart, gefährlich, und [...] der allerbesten mutwilligsten Laune«.

Während ich darüber nachdachte, wurde mir klar, dass ich überall auf Hinweise zu Machiavellis »mutwilliger Laune« und seinem »boshaften Artisten-Gefühl« gestoßen war. Es steckte direkt in seiner Maxime, dass ein Fürst sein Volk nicht seines Besitzes berauben darf, da »die Menschen allenfalls noch eher den Tod des Vaters [verschmerzen] als den Verlust des Vermögens«. Doch Machiavelli duldet oder ermutigt solches Verhalten nicht. Er bringt mit seinem schalkhaften, trockenen Witz einfach nur zum Ausdruck, dass Menschen sich manchmal so verhalten. Böse, ja – aber ebenso ein Beispiel dafür, wie seine starken Aphorismen und Ratschläge »demjenigen ein Lächeln auf die Lippen zaubern«, der bereit ist, die schonungslosen Fragen über die dunkle Seite des menschlichen Wesens zu stellen.

In einem Brief, den er 1509 an seinen Freund Luigi Guicciardini schrieb, stolperte ich jedoch über ein noch erstaunlicheres Beispiel für seinen anstößigen Witz. Darin erzählt er die Geschichte eines Treffens, das er angeblich mit einer grotesken alten Hexe in der Lombardei hatte, wobei er hereingelegt worden war, damit er mit ihr schlief. Das Ganze zu paraphrasieren wird ihm vermutlich nicht gerecht werden. Ich werde es dennoch tun, weil es einfach eine unglaublich witzige, amüsante Lektüre ist (auch wenn ich nicht glaube, dass Marietta dem zustimmen würde).

»Verdammt Luigi!«, fängt er an. »Wie doch Fortuna in ein und derselben Sache die Menschen unterschiedlich bedenkt. Ihr habt eine zum Vögeln, Ihr habt sie gehabt und wollt gleich noch mal.« Daraufhin erzählt er von seinem eigenen Vorstoß in einem schwach beleuchteten Raum, nur um dann, nachträglich, zu entdecken, dass man ihn hinters Licht geführt hatte.

»Mein Gott!«, schreibt er. »Beinahe wäre ich tot umgefallen, so häßlich war dieses Weib.« Auf ihrem kahlen Kopf »sah man die Läuse marschieren«, in ihren »Augenbrauen klebten Läuseeier«; »von den Augen schaute eins nach oben, eins nach unten«; »ein Nasenflügel [war] aufgeschnitten und voller Rotz« und »der Mund erinnerte an den von Lorenzo dem Prächtigen«, aber »auf einer Seite auch noch schief, und da lief der Speichel heraus, weil sie ihn, zahnlos wie sie war, nicht zurückhalten konnte. Und ich schwöre bei Gott!«, so scherzt er, »ich verwette dafür meinen Platz im Himmel, daß mir, solange ich in der Lombardei bleibe, die Lust vergangen ist.«

Hat sich das tatsächlich ereignet? Wer weiß. Doch darum geht es gar nicht. Wichtig ist die Tatsache, dass Machiavelli ein Meister darin war, dem Lächerlichen Humor abzugewinnen. Und bei seinen Vertrauten traf sein Humor nicht auf Unverständnis. »Wenn Deine amüsante, gewitzte und angenehme Plauderei auf unsere Ohren trifft«, so schreibt ein Freund, »dann befreit, erfreut und erfrischt uns das.«

Na gut, Machiavelli war also ein gewitzter, beliebter Kerl. Na und? Warum sollte uns das interessieren? Und was hat es mit unserem lächerlich geschäftigen Leben als moderne Mütter und Väter zu tun?

Relativ viel, möchte ich unterstreichen, denn wir alle können ein, zwei Dinge von seiner Fähigkeit lernen, selbst in den schlimmsten Situationen über uns selbst zu lachen. Nirgendwo wird das deutlicher als in einem Brief, den er schrieb, nachdem er mit auf dem Rücken gefesselten Händen an einen Balken gehängt in einem »feuchten, von Ungeziefer befallenen« Gefängnis gefoltert worden war, weil man ungerechtfertigterweise glaubte, er sei an der misslungenen Verschwörung zur Ermordung des Kardinals Giuliano de' Medici und zum Sturz der Regierung beteiligt gewesen.

»Meine Füße sind gefesselt«, so schreibt er, »an den Schultern werde ich von sechs Stricken hochgezogen und von meinen anderen Misslichkeiten will ich gar nicht erst berichten ... da man Poeten so behandelt! Diese brüchigen Mauern bringen derart aufgequollene Läuse hervor«, fügt er hinzu, »dass sie Fliegen ähneln; und nie zuvor hat es derartigen Gestank gegeben ... wie in meinem netten Hospiz.«

Doch statt in Selbstmitleid zu versinken, reagiert Machiavelli auf diese Wendung des Schicksals mit »Witz und einem Schulterzucken«. Biograf Miles Unger schreibt: »Das Bild seines ›netten Hospiz‹, in dem es vor Läusen nur so wimmelte, die sich am siechenden Fleisch der Gefangenen mästeten, ist halb Farce, halb Tragödie. Ein Spiel mit Licht und Schatten, wie es sich durch seine politischen und literarischen Schriften zieht.«

Licht und Schatten. Damit können wir uns alle identifizieren, nicht wahr?

Doch Machiavelli fand nicht nur Komik in dieser makabren Situation. Er beschloss, darin eine »persönlichkeitsbildende Übung« zu sehen. Wenige Wochen nach seiner Freilassung, während er sich noch immer von seinen Verletzungen erholte, schrieb er an Vettori: »Ihr mögt an meinen Leiden diese Freude haben, daß ich sie so gleichmüthig ertrug, daß ich mir selbst darum wohl will, und daß ich mich jetzt für tüchtiger halte, als ich mir früher zugetraut hätte.«

Und dies, so fand ich, ist ein weiteres großartiges Beispiel für alle Mütter heutzutage: Wir wären alle gut beraten, uns in Zeiten der Not und der Krise einen gewissen Sinn für Humor zu bewahren. Machiavelli war ein Meister darin, wie in einem Brief deutlich wird, den er gegen Ende seines Lebens schrieb und in dem er eine Zeile aus Petrarcas Sonett zitierte: »Drum wenn ich einmal lache oder singe, /Tu ich's, weil nur der eine Weg mir offen, /Mein angstvoll Jammern innen zu verstecken.«

Armer Kerl.

Unterm Strich bedeutet das jedoch: Die Trennlinie zwischen Lachen und Leiden, Komödie und Tragödie, Humor und Schmerz ist sehr dünn, wie die Humoristin Erma Bombeck feststellte. Und dies, so würde ich hinzufügen, ist ein weiteres Los, dem wir nicht entkommen. Was sollen wir also tun?

Lachen und singen, mein Freund. Lachen und verdammt noch mal singen, genau wie Machiavelli.

Kapitel 21
Wer ganz auf das Glück vertraut, ist verloren: Die Dinge selbst in die Hand nehmen

»Machiavelli erschreckt uns und stößt uns ab, gleichzeitig reizt und fasziniert er uns aber auch.«

Hanna Pitkin, Fortune Is a Woman

Über ein Jahr war seit meinem ersten machiavellischen Schritt vergangen. Und trotz mehrerer Desaster und ein paar schmerzhafter Niederlagen war an der Front zu Hause jetzt (meistens) alles friedlich und ruhig. Teddy und Daniel waren immer noch glücklich, artig und richtig gut in der Schule. Katie gedieh gut in ihrer neuen Sonderklasse und hatte halbtags eine persönliche Betreuerin genehmigt bekommen. Und Trevor fand viele Freunde in der Vorschule. So machte ich mich eines Abends spät über die letzten Seiten von *Der Fürst* her und stieß auf Machiavellis detaillierteste, wenngleich schockierende Ausführungen zu Fortuna, der Göttin des Glücks und der Personifizierung von Glück oder Pech.

Genau wie bei *virtù*, so ist Machiavellis Verwendung des Begriffs »Fortuna« häufig verwirrend. Doch in der einfachsten Form bezieht er sich damit auf die Geschicke eines Menschen angesichts der launischen Wendungen des Schicksals. Während klassischere Darstellungen Fortuna als »hauptsächlich freundliche, wenn auch launische Göttin« mit einem »guten ebenso wie einem bösen menschlichen Kern« darstellen, so beschreibt Machiavelli sie als »böswillige und kompromisslose Quelle für menschliches Leid, Bedrängnis und Unglück«.

Genau das, was wir brauchen.

Doch während Machiavelli mahnt, dass keiner effizient handeln könne, wenn er Fortuna direkt gegenüberstehe, so räumt er doch ein, dass wir ihrer Raserei nicht völlig hilflos ausgeliefert seien. Das verdeutlicht er mit einem Vergleich. Er beruft sich auf die ungeheuerliche Naturgewalt und sagt zunächst, dass er Fortuna »mit einem gefährlichen Flusse [vergleicht], der, wenn er anschwillt, die Ebene überschwemmt, Bäume und Gebäude umstürzt, Erdreich hier fortreißt, dort ansetzt. Jedermann flieht davor und gibt nach; niemand kann widerstehen.«

Das hört sich ziemlich übel an, ich weiß. Doch er gibt uns einen kleinen Hoffnungsschimmer, indem er sagt, dass der Mensch sich gegen Fortuna zur Wehr setzen kann. Denn »in ruhigen Zeiten [können die Menschen] Vorkehrungen treffen, mit Deichen und Wällen bewirken, daß der Fluß bei hohem Wasser in einem Kanale abfließen muß, oder doch nicht so unbändig überströmt und nicht so viel Schaden tut.« Wir können uns ihrer Raserei entziehen, schlussfolgert Machiavelli, aber nur, wenn wir uns mit Weisheit, Voraussicht und *virtù* auf ihr unvermeidliches Eintreffen vorbereiten. Mit anderen Worten, wenn der Himmel heute blau und die See ruhig ist, so darf man sich nicht zurücklehnen und sich mal eben entspannt einer Maniküre unterziehen. Stattdessen muss man Vorbereitungen treffen, damit man dann, wenn das Unglück zuschlägt – und das wird es –, bereit ist, die notwendigen Schritte einzuleiten, um zu überleben.

Daran anknüpfend zitiert Machiavelli die missliche Lage Italiens im frühen 16. Jahrhundert. Die Region, die nur wenige Jahrzehnte zuvor noch relativ friedlich, mächtig und wohlhabend gewesen war, wurde damals von streitenden Lagern zerrissen und lief Gefahr, von habgierigen fremden Mächten wie Spanien, Frankreich oder dem Heiligen Römischen Reich erobert zu werden.

»Ohne Wälle und Dämme«, so sagt Machiavelli, konnten die »Barbaren« in Italien eindringen und es erobern. Hätte es sich jedoch »mit entsprechender Willenskraft verteidigt, [...] so hätten jene Überschwemmungen keine solchen Umwälzungen hervorgebracht oder wären gar nicht eingetreten«. Zu lange hatten sich die Fürsten von Italien auf ihr Glück verlassen, um sich die Feinde vom Leib zu halten. Doch dies, so beklagt Machiavelli, war absehbar, denn ein Fürst, »der sich ganz auf das Glück verlässt, muss zugrunde gehen«, während es dem, »der in seiner Handlungsweise mit dem Geiste der Zeit zusammentrifft« gut geht.

Wenn es so aussieht, als würde er sich hier wiederholen, dann stimmt das, bis er die schockierendste Analogie von allen unterbreitet. »Es [ist] allemal besser, mutig daraufloszugehen als bedächtig; denn das Glück ist ein Weib«, so verkündet er, »und wer dasselbe unter sich bringen will, muss es schlagen und stoßen.« Denn wie man gesehen hat, »lässt es sich lieber von einem, der es so behandelt, unterjochen, als von einem, der ruhig und kalt zu Werke geht«. Abschließend sagt er, dass das Glück »deswegen auch wie ein echtes Weib den jungen Leuten gewogen [ist], weil sie weniger bedächtig sind, mutiger und dreister ihm befehlen.«

Du lieber Himmel, er hat ja recht! Aber vielleicht hat er vergessen, den Müll rauszubringen und hat sich mit seiner Frau gezankt, bevor er das geschrieben hat.

Wie auch immer, das können wir für uns mitnehmen: Glück verlangt ein aggressives Verhalten, oder es wird diejenigen von uns zerstören, die zu zurückhaltend oder zu feige sind, es zu dominieren. Und genau das ist es, was *virtù*, der Prüfstein für fürstlichen und elterlichen Erfolg, bereitstellt: Mut, Weisheit, Voraussicht, Flexibilität, Einfallsreichtum, Erkenntnis und die Fähigkeit, mit allen Mitteln auf das Unvorhergesehene im Leben zu reagieren, um zu überleben.

Wie das Schicksal so wollte, wurde ich mit Mitte 40 – gerade als sich mein Experiment dem Ende zuneigte – plötzlich arbeitslos, genau wie Machiavelli. Doch mit seinen Ratschlägen gewappnet, flippte ich deshalb nicht aus, zumindest nicht sofort. Sehr schnell wurde mir jedoch klar, dass ich als Mutter in den Vierzigern mit vier kleinen Kindern kein wirklich hochgradig oder auch nur annähernd konkurrenzfähiger Bewerber war.

Diese Situation fing schon ziemlich Unheil verheißend an. Ein Dienstagnachmittag. Teddy las. Ich schrieb einen Schriftsatz. Trevor und Katie spielten mit Rennautos und Klötzen auf dem Boden. Dann klingelte mein Handy.

»Wer ist das? Dad?«, fragte Teddy, als ich die aufleuchtende Nummer auf dem Display betrachtete.

»Nein«, seufzte ich. »Das ist mein Chef.«

»Gehst du ran?«

Das war gerade ein schöner, angenehmer Moment mit meinen Kindern, einer, den ich schätzte, also zögerte ich und ließ die Mailbox rangehen. »Ich rufe ihn später an«, sagte ich schuldbewusst.

Und kurz darauf tat ich das dann auch. Seine Stimme war ausdruckslos, als er mich bat, am nächsten Tag ins Büro zu kommen, um ein paar Unterlagen vorbeizubringen.

»Kann ich machen, kein Problem«, sagte ich freundlich. »Wann?«

»Am Nachmittag«, bat er, bedankte sich und legte dann auf.

Als ich am nächsten Tag zu ihm ins Büro kam, grüßte mich seine Assistentin, ohne zu lächeln, und stand auf. »Ich sage ihm, dass Sie hier sind«, verkündete sie und verschwand dann.

Kurz darauf kam mein Chef herein, schloss die Tür und lehnte sich verkrampft an einen Aktenschrank. Der Ausdruck auf seinem schmalen, abgezehrten Gesicht war ernst, und kleine Schweißperlen glänzten auf seiner Stirn.

Ich war noch immer in keiner Weise auf das vorbereitet, was mich erwartete.

»Suzy, die Qualität deiner Schriftsätze ist schlechter geworden, und wir müssen dich die ganze Zeit zwischen 9 und 17 Uhr erreichen können«, sagte er. »Kurz, ich muss dir kündigen.«

Verblüfft starrte ich ihn an. »Du feuerst mich?«, fragte ich ungläubig.

»Das ist eine geschäftliche Entscheidung«, sagte er und fummelte an seiner Krawatte herum.

Ich konnte es nicht glauben. Er hatte sich immer überschlagen, wenn er meine Schriftsätze gelobt hatte, und ich hatte zwei Jahre lang sehr gewissenhaft für ihn gearbeitet. (Na ja, ein Jahr und 363 Tage, um genau zu sein, was bedeutende Auswirkungen auf meine jährlichen Urlaubstage haben würde, die ich nach den nächsten beiden Tagen erworben hätte – ein legitimer, wenngleich rücksichtsloser machiavellischer Spielzug von ihm, oder nicht?)

»Du hast mir immer gesagt, wie ausgezeichnet meine Schriftsätze sind und wie wertvoll ich für dein Büro bin«, rief ich ihm in Erinnerung. »Und ich habe Nachrichten von dir, die das beweisen.«

»Noch mal, es ist eine Geschäftsentscheidung«, mehr sagte er nicht dazu.

Und auch wenn er durchaus recht hatte, dass ich tagsüber nicht immer erreichbar war, wenn er mich anrief, so war ich jetzt doch richtig wütend. »Ich habe mich zwei Jahre lang für dich abgerackert und ich habe die höchste Gewinnrate von allen hier.«

Grummelnd bestritt er dies, legte dann einen zerknitterten Scheck auf den Schreibtisch. »Das ist für deine ganze nicht genommene Urlaubszeit«, sagte er noch und ging dann wieder zur Tür.

»Ich schalte einen Anwalt ein!«, drohte ich. »Und ich hoffe sehr, dass du mich nicht mit einer unter 41 ersetzt hast«, fügte ich in Anwaltsmanier hinzu, da ich wusste, dass ab diesem Alter die Bundesgesetze gegen Altersdiskriminierung wirksam wurden (außerdem wusste ich da noch nicht, dass meine Nachfolgerin tatsächlich älter war).

Doch vergeblich.

Mir widerfuhr genau dasselbe Schicksal wie Machiavelli, der ohne viel Federlesens nach vielen Jahren treuen Dienstes entlassen wurde. Und genau wie Machiavelli eifrig um einen neuen Job bemüht war, um seine Familie weiter zu versorgen, so bemühte auch ich mich pflichtbewusst darum. Doch das letzte Mal hatte ich mit Ende 30, Anfang 40 einen Job gesucht. Als 45-jährige Mutter von vier Kindern nach einer Anstellung zu suchen war aber etwas völlig anderes. Hier ein Beispiel dafür, wie die Dinge im Normalfall abliefen:

Ich finde meinen alten marineblauen Businessanzug ganz hinten im Schrank, hinter den Schwangerschaftsklamotten. Quetsche mich hinein. Begrüße den Babysitter. Begebe mich dann in ein makelloses Anwaltsbüro und sitze drei Seniorpartnern mittleren Alters am Konferenztisch gegenüber.

Durch das Fenster hinter ihnen sehe ich, wie sich dunkle Wolken über dem Pazifischen Ozean zusammenziehen.

»Sie haben einen beeindruckenden Lebenslauf, Suzanne«, sagt einer von ihnen. »Law Review. Einen Doktor von Berkeley. Und Erfahrung als Verfasserin von Rechtsschriftsätzen.«

»Was wir brauchen«, sagt ein anderer, »ist jemand, der gute Schriftsätze verfasst, und, tja, es sieht so aus, als wären Sie perfekt für uns.«

Alle Partner nicken.

»Wir bräuchten Sie ab sofort«, sagt dann die weibliche Geschäftspartnerin. »Ab der nächsten oder übernächsten Woche, und das Gehalt wäre in dem von Ihnen verlangten Bereich. Es wäre auch möglich, dass Sie hauptsächlich von zu Hause arbeiten.«

»Das hört sich wunderbar an.« Stolz über mich selbst lächle ich.

»Und Sie haben ein Buch über den Holocaust geschrieben?«, fragt der erste. »Ich bin nämlich ein Geschichtsfreak.«

Ich bin darauf vorbereitet, reiche ihm mein Buch, und er blättert es schnell durch. »Wann hatten Sie Zeit, das zu schreiben?«, will er wissen.

Wehmütig lache ich. »Bevor ich Kinder hatte.«

Totenstille.

»Verstehe«, sagt die weibliche Geschäftspartnerin. Ihre Stimme klingt mit einem Mal angespannt. »Und wie viele Kinder haben Sie?«

Das Problem verkennend, forme ich scherzhaft eine Pistole mit meiner Hand, halte sie mir an die Schläfe, drücke ab und sage: »Vier.«

Die Stille dauert an, dann: »In der Highschool? Im College?«

Jetzt wird mir das Problem bewusst. »Ähm, nein«, rudere ich zurück, versuche, das Schadensausmaß zu begrenzen. »Sie sind neun, acht, fünf und drei. Aber ... sie sind sehr selbstständig ... und ich habe einen absolut zuverlässigen Babysitter ... Wirklich ... zuverlässig ...«

Die Geschäftspartner werfen sich einen Blick zu.

»Also, vielen Dank, dass Sie heute gekommen sind«, teilen sie mir mit. »Wir haben noch weitere Kandidaten zu Vorstellungsgesprächen hier, aber wir werden uns bald bei Ihnen melden.«

»Wie bald?«, frage ich im Aufstehen.

»In einem oder zwei Monaten.«

Schon klar.

Für Frauen, für Männer dagegen normalerweise nicht, ist es ein ernsthaftes Hindernis, Kinder zu haben, um nicht zu sagen eine unüberwindbare Hürde, wenn es darum geht, die Karriere voranzutreiben. Und dasselbe trifft zu, wenn man Mitte 40 ist. Und hier lüfte ich mal das kleine, schmutzige Geheimnis, wie eine solche Angelegenheit mit jugendorientierten Arbeitgebern abläuft:

Ich sitze mit drei weiblichen Bewerberinnen Ende 20 im Empfangszimmer. Eine Tür geht auf, und eine umwerfende Anwältin Anfang 30 schreitet herein, gefolgt von einer wunderschönen blonden Rechtsanwaltssekretärin Ende 20.

»Bitte hier entlang, Ma'am«, sagt sie und bedenkt mich mit einem falschen Lächeln.

Ich folge ihr in einen Konferenzraum, wo zwei geschniegelte männliche Kollegen Mitte 30 meinen Lebenslauf durchgehen, in dem ich strategisch alle Hinweise auf Abschlussdaten entfernt hatte, die mein »fortgeschrittenes« Alter verraten hätten.

»Sie haben einen beeindruckenden Lebenslauf«, sagt einer

der Geschäftspartner. »Aber, ganz ehrlich, wir suchen jemanden, der direkt von der juristischen Fakultät kommt.«

»Sie wollen damit sagen, jemanden, der jünger ist als 41?«, frage ich.

»Tja, ja«, murmelt der andere.

»Es ist nicht einmal legal, das zuzugeben«, erinnere ich die beiden.

»Was zuzugeben?«, sie zucken mit den Schultern, stellen sich unwissend.

Doch statt mich darüber aufzuregen, beschloss ich, die Situation zu meinem Vorteil zu kehren, die Gelegenheit beim Schopf zu packen und einen neuen beruflichen Weg einzuschlagen. Ich wollte ohnehin nicht mein ganzes Leben nur Klageschriften verfassen (zu desillusionierend und deprimierend) und auch keine Scheidungsanwältin sein (auch desillusionierend und deprimierend, allerdings zehnmal mehr).

Verstehen Sie mich nicht falsch: Ich bin immer sehr dankbar gewesen, dass ich die Möglichkeit hatte, auf die juristische Fakultät zu gehen. Doch während mir das Studium der Rechtswissenschaften Spaß gemacht hatte, gefiel es mir nicht so sehr, sie praktisch anzuwenden. Meine erste »echte Liebe« – beruflicher und intellektueller Art – war seit jeher Geschichte, wie ich bereits erwähnte.

Und schon sehr früh liebte ich es, zu schreiben. Gab es einen Weg, diese beiden Dinge zusammenzuführen? Sollte ich wirklich versuchen, mich nicht mehr auf einen Arbeitgeber, sondern auf mich selbst zu verlassen, um finanziell das beizusteuern, was benötigt wurde, um meine Familie zu versorgen? Eine große Entscheidung. Und ein hoher Spieleinsatz. Doch ich hatte schon immer fest an das alte Sprichwort geglaubt, dass das größte Bedauern am Ende unseres Lebens nicht von den Dingen herrührt, die wir getan haben, sondern von denen, die wir nicht getan haben – oder nicht versucht haben zu tun. Nach langem Grübeln beschloss ich also, den Versuch zu wagen und meinen Lebensunterhalt als Schriftstellerin zu verdienen. Das war etwas, wovon ich schon lange träumte, und wenn es klappte, dann könnte ich bei den Kindern zu Hause bleiben, zumindest so lange, bis sie im College untergebracht waren oder sonst irgendwie als selbstständige junge Erwachsene lebten. Und für diesen einschneidenden Karriereschritt in der Lebensmitte ließ ich mich wieder einmal von Machiavelli inspirieren.

Inwiefern?

Nun ja, als ihm schließlich klar wurde, dass sein kleines Meisterwerk die Medicis weder beeindruckte noch überhaupt ihre Aufmerksamkeit erregte und dass er keine neue Stelle bekommen würde, machte er seinen Frieden damit und widmete sich ganz der Schreiberei. Noch bevor er *Der Fürst* fertiggestellt hatte, wendete er sich wieder seinen *Abhandlungen über Livius* zu, einem sehr viel längeren und nachdenklicheren Buch. Auch beschäftigte er seinen unsteten Geist mit anderen politischen Arbeiten ebenso wie mit Gedichten, Erzählungen und Theaterstücken, wovon »Mandragola« zu seinen Lebzeiten vielfach aufgeführt wurde. Auch heutzutage wird dieses Stück von manchen noch immer als eines der herausragendsten italienischen Theaterstücke angesehen.

Wie das Schicksal es wollte, war er durch seine erstaunliche literarische Leistung bei den Machthabern angesehen und erhielt 1520 von Kardinal Giulio de' Medici den offiziellen Auftrag, die Geschichte von Florenz nach eigenem Ermessen niederzuschreiben.

Machiavellis *virtù* und sein Durchhaltevermögen hatten sich schließlich bezahlt gemacht.

Das Glücksrad hatte sich endlich – wenn auch nur vorübergehend – zu seinen Gunsten gedreht.

Mir dies vor Augen haltend, stellte ich meine alte Ausgabe von *Der Fürst* wieder zurück ins Regal und fing an zu schreiben, in der Hoffnung, dass auch meine *virtù* und mein Durchhaltevermögen sich eines Tages bezahlt machen würden. Und wenn dem so wäre, dachte ich, als ich über die Zukunft nachgrübelte, dann wäre das Beste daran, dass ich die Freiheit hätte, den ganzen Tag zu Hause zu arbeiten und in meiner abgetragenen Jogginghose mit dehnbarem Bund auf meine Kinder aufpassen zu können.

Was mehr könnte sich eine Mutter wünschen?

Und wenn Sie den Eindruck haben, als befänden wir uns wieder genau da, wo alles angefangen hat – dann sind wir genau da, und gleichzeitig auch nicht. Ja, ich trage noch immer meine Jogginghose. Aber meine Kinder sind glücklicher, meine Ehe ist gefestigter und ausgeglichener, und ich habe einen Job gefunden, der mir wirklich gefällt. Wir sind noch immer dieselbe große, ausgelassene Familie wie früher – doch viele wesentliche Dinge haben sich verändert. »Das Wesentliche ist für die Augen unsichtbar«, so schreibt Antoine de Saint-Exupéry in *Der kleine Prinz*.

Und was ich schlussendlich durch mein machiavellisches Experiment mit *Der Fürst* gelernt habe: Das Leben ist für alle Mütter schwer. Das war es schon immer, und das wird es auch immer sein. Also Schluss mit dem Selbstmitleid, in dem wir uns allzu oft suhlen. Wenden Sie sich umgehend Ihren dringendsten Problemen zu und setzen Sie sich mit ihnen auseinander. Dann reißen Sie sich zusammen, wenden Sie Machiavellis Regeln an, erobern Sie Ihr Reich zurück und machen Sie weiter!

Am wichtigsten ist es, für die Zeit, die Sie mit Ihren Kindern haben, dankbar zu sein – selbst wenn diese streiten, jammern, schreien, kämpfen oder auf andere Weise versuchen, sich gegenseitig umzubringen, wie alle Kinder das hin und wieder tun. Wenn Ihnen dies gelingt, dann werden Sie aufhören, von einem Urlaub ganz allein zu träumen, Sie werden wieder strahlen und sich leistungsfähiger, selbstsicherer, aktiver, kompetenter, spielerischer und sogar ausgelassener fühlen. Und dafür können Sie und Ihre glückliche, artige Familie Machiavelli danken.

Ganz ehrlich, über etwas so Wunderbares würde ich niemals scherzen.

Das versichere ich Ihnen.

SCHLUSSFOLGERUNG
»Die Sache mit Machiavelli«: Oder Machiavellis Vermächtnis an die modernen Mütter und Väter

Ich hatte *Der Fürst* also fertiggelesen, und mein Experiment war am Ende angelangt. Doch ich bekam Machiavelli noch immer nicht aus dem Kopf. Etwas an ihm faszinierte mich, verfolgte mich aber auch, und ich wollte herausfinden, was andere von ihm als Mensch hielten. Also recherchierte ich etwas und stolperte über einen faszinierenden Essay mit dem Titel »Die Sache mit Machiavelli« in der *New York Review of Books*. Darin macht sich der Historiker Isaiah Berlin daran, folgende Frage zu beantworten: Was ist es, das so viele Leser an Machiavelli zutiefst schockierte, während sie angesichts ähnlich kompromissloser Haltungen von Thukydides, Aristoteles, im Alten Testament oder auch in späteren Aufzeichnungen nicht ähnlich aufgebracht reagieren?

Um diese Frage zu beantworten, untersucht Berlin Forschungsliteratur zu Machiavelli aus fast vier Jahrhunderten und zeigt auf, wie überraschend die schiere Anzahl der Interpretationen seiner politischen Ansichten ist. Dazu stellt er ein beunruhigendes Ausmaß an Abweichungen bezüglich der zentralen Aussage, der grundlegenden politischen Haltung Machiavellis fest.

Manche Gelehrte, so teilt Berlin uns mit, sehen Machiavelli nicht als den rücksichtslosen, zynischen Fürsprecher von Täuschung und List in der Staatskunst, sondern als den *gequälten Humanisten*, der »die Laster der Menschen beklagt, die einen solch schlimmen Verlauf auf politischer Ebene unvermeidbar machen«. Andere halten ihn für einen aufgeklärten Moralisten, der die Politik von der Ethik trennte, dann aber »die Hände ringt angesichts einer Welt, in der politische Ziele nur durch Mittel erreicht werden, die moralisch schlecht sind«. Für wieder andere ist er ein Mann mit einem tiefen Einblick »in die wirklichen historischen Kräfte, die Menschen modellieren und ihre Moral verändern«, der »die christlichen Prinzipien für die der Vernunft, der politischen Einheit und der Zentralisierung verwarf«.

Wieder andere denken, dass Machiavelli ein äußerst leidenschaftlicher und pragmatischer Patriot war, »der sich gut vorstellen konnte, wie Cesare Borgia – hätte er noch gelebt – Italien von den barbarischen Franzosen, Spaniern und Österreichern befreit hätte, die es in die Misere, in Armut, Verfall und Chaos getrieben hatten«. Und wie wir gesehen haben, glauben andere, dass der Verfasser von *Der Fürst* ein Satiriker war, der bestimmt nicht wörtlich gemeint haben konnte, was er geschrieben hatte. Die am weitesten verbreitete Ansicht über Machiavelli »ist aber immer noch jene der meisten Elisabethaner, Dramatiker und Gelehrten gleichermaßen«, so schreibt Berlin, »für die er ein vom Teufel beseelter Mann war, der gute Menschen ins Verderben führte, der große Umstürzler, der Lehrer des Bösen«, der »Anreger zur Bartholomäusnacht, der Inbegriff von Iago ... des ›mörd'rischen Machiavells‹, zu dem es in der elisabethanischen Literatur 400 namhafte Bezüge gibt«.

Was haben diese widersprüchlichen Interpretationen – diese unzähligen Masken von Machiavelli – also mit unserem

Leben als moderne Mütter und Väter zu tun? Ziemlich viel. Denn wenn Sie das überraschende Maß an Divergenz in den vielen Verantwortlichkeiten und Anforderungen betrachten, die unbarmherzig auf uns Eltern hereinprasseln, dann werden Sie sehen, dass auch wir als Eltern viele Masken tragen müssen. Und wenn unsere Kinder über unsere Eigenheiten und Überzeugungen als Eltern nachsinnen würden, dann würden sie, genau wie diejenigen, die versucht haben, in Machiavellis Gedanken vorzudringen, mit vielen widersprüchlichen Interpretationen aufwarten können. Wenn sie uns beobachten, könnten sie sich am Kopf kratzen und denken: Komisch, manchmal ist Mom total glücklich, entspannt, gut drauf und locker, und manchmal ist sie völlig erschöpft, genervt, schlecht gelaunt und ungeduldig. Und das ist in Ordnung.

Doch die schiere Vielfalt der Maximen in diesem Experiment ließ mich manchmal überlegen, ob seine zentrale Prämisse – dass prinzipiell alle Anliegen von Eltern durch eine machiavellische Linse betrachtet werden können – von mir nicht als ein inkonsequenter, wenn nicht sogar unratsamer elterlicher Ansatz umgesetzt worden war (z. B. Strenge in Bezug auf Regeln und Disziplin, Nachsicht in Bezug auf Schlafgewohnheiten, Härte in Bezug auf Manieren, Verhalten und Hausaufgaben und leidenschaftlicher Pragmatismus in Bezug auf den Erhalt von Ordnung und Stabilität bei mir zu Hause).

Doch ebenso, wie Machiavellis politische Ansichten dazu dienen sollten, sein brennendstes Verlangen zu stillen – das eines starken, vereinten, moralisch erneuerten und siegreichen Italiens, ob es nun durch Gewalt, *virtù*, Glück oder List gerettet wurde –, verlangen mir die vielen Verantwortlichkeiten und Anforderungen ab, unterschiedliche Haltungen und Standpunkte meinen Kindern gegenüber einzunehmen. Manchmal bin ich hart, manchmal nachgiebig, manchmal bin ich eine Idealistin, dann wieder eine Realistin. Doch bei allem bin ich immer von Liebe erfüllt. Und genau wie Machiavellis größter Wunsch Ruhm für sein geliebtes Florenz war, so war und wird mein größter Wunsch immer Einheit und Stabilität für meine Familie sowie Glück und Wohlergehen für meine Kinder sein.

Doch was hat dann so viele Leser über nahezu fünf Jahrhunderte derart nachhaltig schockiert? Obwohl Berlins Ausführung zu komplex ist, um sie hier wiederzugeben, so ist seine Schlussfolgerung doch überraschend einfach – und wichtig. Berlin behauptet, Machiavellis »grundlegendste Errungenschaft« liege darin, »ein unlösbares Dilemma aufgedeckt zu haben«, eines, das der Erkenntnis entstammt, dass gleichermaßen legitime Absichten, gleichermaßen legitime Wertesysteme einander widersprechen oder sich aneinander stoßen können, »ohne dass man eine Möglichkeit hätte, sie in Einklang zu bringen – und dies nicht nur in seltenen, außergewöhnlichen Fällen, sondern als ein ganz normaler Bestandteil der *conditio humana*«.

Wenn das stimmt, dann untergräbt es eine zentrale Aussage des westlichen Denkens: Nämlich die, dass es eine wahre, endgültige und einzigartige Antwort auf die Frage gibt, wie Menschen leben sollten. Und darin liegt Machiavellis Wichtigkeit und sein Vermächtnis an uns Eltern heutzutage. Denn wenn es keinen idealen Zustand gibt, in dem wir Menschen leben sollten, dann gibt es auch kein letztgültiges Regelwerk, nach dem wir unsere Kinder erziehen sollten. Was bei einer Familie funktioniert, könnte bei einer anderen in ein völliges Chaos ausarten – und man muss sich nur eine Sendung von *Promi-Frauentausch* ansehen, um das bestätigt zu finden. Denn was dem einen vernünftig erscheint (wie zum Beispiel eine Zimmertür auszuhängen und in der Garage zu verstauen), könnte einem anderen völlig dumm oder lächerlich vorkommen.

Abgesehen von den Bemühungen, unsere Kinder gesund, glücklich und sicher aufwachsen zu lassen, sollten die tagtäglichen Entscheidungen, die wir für sie treffen, nicht darauf basieren und aufbauen, was irgendwelche populären Fachleute oder Elternratgeber sagen, sondern auf unserem *eigenen* Wertesystem, unseren *eigenen* legitimen Zielen als Eltern. Ich teile meine machiavellische Herangehensweise hier nur, weil sie für mich Klarheit geschaffen hat und das eventuell – eventuell aber auch nicht – für Sie tun könnte. Sollten Sie sich aber dazu entschließen, sie auszuprobieren, dann denken Sie daran, was ich zu Beginn geraten habe: Haben Sie keine Angst vor Ihrem Einfluss als Elternteil. Nehmen Sie ihn an – und setzen Sie ihn weise, konsequent, liebend und in dem Wissen ein, dass bei der Erziehung unserer kleinen Prinzen und Prinzessinnen manchmal tatsächlich der Zweck die Mittel heiligt.

Ich reichte das Manuskript zu diesem Buch am 1. November 2012 bei meinem Lektor ein, fast auf den Tag genau 500 Jahre nachdem Machiavelli seines Amtes enthoben wurde und sein gesamtes Leben aus den Fugen geriet. Und genau wie er *Der Fürst* geschrieben hat, um seine Zeitgenossen daran teilhaben zu lassen, was er über Politik gelernt hatte, schrieb ich dieses Buch, um das, was ich über das Elternsein gelernt hatte, mit meinen Zeitgenossen zu teilen.

Die ersten zehn Kapitel sind einfach nur so aus mir herausgeflossen, und ich habe sie in knapp drei Monaten geschrieben. Dann stieß ich auf eine Hürde – nun, nicht so sehr eine Hürde als vielmehr eine Weggabelung –, und ich musste ein paar Entscheidungen treffen. Was wollte ich teilen? Was sollte ich für mich behalten? Nach langem Nachdenken entschloss ich mich letztendlich dazu, sowohl die Hochs als auch die Tiefs dieses Experiments zu teilen, und zwar hauptsächlich aus drei Gründen. Sie alle hängen auf irgendeine Weise mit dem zusammen, was ich von Machiavelli gelernt habe.

Erstens: Machiavelli fürchtete sich nicht davor, die Dinge beim Namen zu nennen – und er zögerte auch nicht, seine eigenen Schwächen aufzuzeigen. Auf ähnliche Weise nahm auch ich selten ein Blatt vor den Mund, nicht einmal dann, wenn es mich selbst betraf. Warum sollte ich mir also nicht in die Karten sehen lassen? Ich muss zugeben, die Dinge haben sich schnell von ihrer Kehrseite gezeigt. Herzlich willkommen im brutalen Realismus von Machiavelli! Und wenn meine Herangehensweise bösartige Kritik hervorruft, tja, dann werde ich dadurch eventuell noch stärker an meinen Überzeugungen festhalten oder weiter von meinen Fehlern auf dem Weg lernen. Wie auch immer, etwas wird daraus gelernt werden – und Wissen, so würde Machiavelli sagen, ist Macht.

Zweitens: Machiavelli teilt uns mit, dass wir häufig die wertvollsten Lektionen aus unseren Misserfolgen und Fehlern lernen, ebenso, wie wir von den Misserfolgen und Fehlern anderer lernen können. Denken Sie nur an JFK und die Invasion in der Schweinebucht auf Kuba 1961. Was Kennedy aus diesem Fiasko über Führerschaft lernte, half ihm ein sehr viel größeres Desaster im darauffolgenden Jahr während der Kubakrise zu vermeiden. Wenn also nur ein paar Leser etwas aus meinen Erfolgen und Niederlagen als Mutter für sich herausziehen können, dann hat das Buch seinen Zweck erfüllt.

Drittens: Was ich am meisten an Machiavelli bewundere, abgesehen davon, dass er ein liebender Vater war, sind seine Hartnäckigkeit und seine Ehrlichkeit, Züge, die sowohl in der Politik als auch in der Erziehung erfolgreich angewandt werden können, wie ich hier versucht habe aufzuzeigen. Diese

Fähigkeiten können auf Machiavellis eigene schriftstellerische Absicht in *Der Fürst* übertragen werden, wo er schreibt: »Da aber meine Absicht darauf gerichtet ist, etwas für den, der Verständnis hat, Nützliches zu schreiben, so scheint es mir [sinnvoll], die Dinge so darzustellen, wie sie in Wirklichkeit liegen, als bloßen Phantasien über sie zu folgen.« Und aus eben dem Grund, »Dinge so darzustellen, wie sie in Wirklichkeit liegen«, teile ich das hier mit Ihnen.

Was aber denken meine Kinder über dieses Buch, in dem jedes von ihnen eine zentrale Rolle spielt? Tja, sie haben noch kein Interesse gezeigt, es lesen zu wollen, das bleibt also noch abzuwarten – auch wenn Teddy vor Kurzem ein Cover dafür gezeichnet hat, auf dem eine Krone, gefolgt von einem Gleichheitszeichen und einem roten Herz in einer Schachtel, zu sehen sind. Was hat das zu bedeuten? Glaubt sie, dass ausgerechnet Machiavelli für Liebe steht?

Ich weiß es nicht, weil ich sie nicht gefragt habe. Das ist jedoch die Theorie, an der ich festhalte, denn genau wie *Der Fürst* Machiavellis Liebeserklärung an seine Heimatstadt Florenz ist, ist dieses kleine Buch meine Liebeserklärung an meine Kinder. Und sollten sie es eines Tages lesen, dann sehen sie hoffentlich, dass mich nichts glücklicher und stolzer macht, als ihre Mutter zu sein – selbst wenn sie mich manchmal an den Rand des Wahnsinns treiben, wofür sie noch immer eine unglaubliche Begabung haben.

Und wenn Ihre Kinder Sie manchmal verrückt machen, dann machen Sie einfach dasselbe wie ich: Lehnen Sie sich zurück, entspannen Sie sich und rufen Sie sich Machiavellis Maxime in Erinnerung: Je mehr Sand durch die Sanduhr läuft, umso deutlicher können wir hindurchsehen. Mit anderen Worten, Ihre Kinder sind nur einmal jung, genießen Sie die kostbare Zeit, die Sie mit ihnen haben, und vertrauen Sie auf das bittersüße Wissen, dass sie, genau wie der Sand in der Sanduhr, bald verflossen sein wird. Und dann Kopf hoch und weitermachen, und denken Sie daran, dass »derjenige, der wünscht, dass man ihm gehorcht, wissen muss, wie man befiehlt«.

Gutes Gelingen! Und viel Glück!

ANHANG

I.

Machen Sie den Test: Sind Sie eine machiavellische Mutter?

Geben Sie sich einen Punkt für jede Aussage, mit der Sie übereinstimmen.

Strenge Regeln und strenge erzieherische Maßnahmen können das Verhalten eines Kindes positiv beeinflussen. ☐

Ein Kind schätzt klare Grenzen. ☐

Wenn es zu den wichtigen Dingen im Leben kommt, währt Ehrlichkeit am längsten. ☐

Manchmal ist es in Ordnung, einem Kind eine Notlüge aufzutischen. ☐

Kinder gehorchen Regeln, weil sie fürchten, von ihren Eltern bestraft zu werden. ☐

Wenn man zu verschwenderisch ist, riskiert man den finanziellen Ruin. ☐

Ein Kind sollte von den Taten bedeutender Menschen erfahren, um an ihrem Beispiel zu lernen. ☐

Die Probleme so groß werden zu lassen, dass sie für jedermann offensichtlich sind, zeugt von schlechter Führerschaft. ☐

Wenn man jeder Laune eines Kindes nachgibt, wird es undankbar werden. ☐

Eine Patchworkfamilie ist schwieriger zu leiten als eine gewöhnliche Familie. ☐

Gutes Verhalten zu loben verstärkt es. ☐

Ein Kind zu kritisieren schafft Verstimmung und Scham. ☐

Eine Veränderung im Familienmuster führt automatisch zu weiteren Veränderungen. ☐

Bekommt ein Kind zu viel Materielles, erwartet es immer mehr. ☐

Es ist schwieriger, ein Stiefkind zu maßregeln als ein leibliches Kind. ☐

Wenn sich ein Problem in der Familie entwickelt, dann sollten die Eltern rasch und entschlossen eingreifen. ☐

Humor hilft Menschen, Zeiten der Not und der Krise zu überstehen. ☐

Es ist schwierig, Einfluss geltend zu machen, wenn man nicht über die Autorität verfügt, ihn zu erzwingen. ☐

Längerer, sofortiger Zimmerarrest ist wirksamer als kurzer, der nicht rechtzeitig erteilt wird. ☐

Für elterlichen Erfolg muss Einfluss nicht nur erlangt, sondern erhalten werden. ☐

Was bei manchen Eltern funktioniert, muss nicht für alle gelten. ☐

Flexibilität hilft, den Weg zu elterlichem Glück und Erfolg zu ebnen. ☐

Wenn Sie zwischen 10 und 22 Punkte haben, dann könnten Sie durchaus eine machiavellische Mutter sein.

Wenn Sie zwischen 5 und 9 Punkte haben, dann müssen Sie sich noch etwas anstrengen.

Und wenn Sie zwischen 0 und 4 Punkte haben, dann müssen Sie Ihren inneren Fürsten erst noch finden.

11.
Machiavelli für Kinder: Das Problem

Deine Mutter hat also dieses Buch gelesen und führt sich jetzt irgendwie merkwürdig auf. Was nicht schlecht ist, nur ... irgendwie anders. Sie erlaubt dir also zum Beispiel nicht mehr, auf dem Bett herumzuhüpfen, getragene Socken in die Kommode zu stopfen oder dein Müsli auf den Boden zu werfen.

Und das verwirrt dich irgendwie, stimmt's?

Aber mach dir keine Sorgen. Denn wenn du das hier liest, dann erkläre ich dir, was sie gelesen hat, und danach wirst du es besser verstehen und lockerer damit umgehen können.

Aber das ist noch nicht alles.

Denn wenn sie jetzt mehr Einfluss ausübt und selbstsicherer auftritt, dann wirst du das auch tun, denn du wirst wissen, was sie insgeheim mit dir vorhat. Und wenn du das weißt, kannst du deinen eigenen geheimen Gegenangriffsplan aushecken.

Das hört sich lustig an, oder?

Aber bevor wir dahin kommen, erzähle ich dir erst einmal etwas über diesen Machiavelli. Ein komischer Name, ich weiß.

Und wenn man ihn laut ausspricht, dann hört sich das in etwa so an: Ma-ki-a-we-li.

Wie auch immer, sein Vorname war Niccolò. Wir können ihn aber auch einfach Nick nennen.

Nick hat also vor 500 Jahren in Florenz, Italien, in Europa gelebt. Eines Tages kam eine große Fürstenfamilie in die Stadt geritten, hat den alten Herrscher rausgeworfen und die Macht übernommen. Kurze Zeit später hat Nick seinen Job verloren und ist dann für etwas ins Gefängnis geworfen worden, was er nicht getan hatte. Und als er daraus entlassen wurde, wurde für den armen Nick alles nur noch schlimmer.

Warum?

Weil er eine Frau und sechs kleine Kinder hatte, aber nicht viel Geld, um Essen und Kleidung für sie zu kaufen. Er hat sich richtig mies gefühlt, wie du dir vorstellen kannst. Eines Abends beschloss er also, ein kleines Buch mit dem Titel *Der Fürst* zu schreiben, um den neuen Herrschern zu zeigen, wie intelligent er war.

Warum er das gemacht hat? Weil er dachte, dass sie ihn dann mögen würden und es sie davon überzeugen würde, ihm einen neuen Job zu geben.

Doch das geschah nicht. Aber das ist auch gar nicht wichtig.

Wichtig ist, dass Nick mit *Der Fürst* beabsichtigte, einen Ratgeber zu schreiben, um den neuen Fürsten von Italien zu zeigen, wie sie ihren Staat regieren sollten, damit ihr Volk sich besser betrug.

Und genau hier kommen wir wieder auf deine Mutter zu sprechen. Rate mal, warum?

Sie wendet Nicks Regeln als Hilfe an, um *dein* Zuhause zu regieren und *dich* dazu zu bringen, dich besser zu benehmen! Wirklich. Das ist eine ernste Angelegenheit, darüber mache ich keine Scherze.

Doch hier kommen die guten Nachrichten. Jetzt, wo du weißt, was deine Mutter insgeheim vorhat, kannst du deinen geheimen Plan aushecken.

Das hört sich gut an, oder? Na wunderbar. Lass uns also keine Zeit verlieren. Ich gebe dir drei kurze Tipps, wie du bei diesem Spiel gewinnen kannst!

1 ES GEHT IMMER UM EINFLUSS

Erstens: Egal, was du tust, lass deine Mutter *nicht* wissen, dass du weißt, was sie weiß.

Immer schön cool bleiben.

Bleib konzentriert.

Stell dich dumm, wenn es sein muss.

Und wenn sie dich bittet, etwas zu tun, dann tu es einfach. Und tu es, ohne zu murren oder dich wie ein Kleinkind aufzuführen. Das ist nämlich einfach nur peinlich. Vertrau mir. Abgesehen davon wirst du den Kampf ohnehin verlieren, wenn du nicht tust, was sie will. Warum? Weil sie (a) größer ist als du, (b) vermutlich stärker ist als du und (c) darauf vorbereitet ist, dir einen langen Zimmerarrest aufzubrummen – und das willst du ja wohl nicht wirklich.

Oder?

Denk also daran: Es geht um Einfluss. Du hast ihn (weil sie dich bittet, etwas zu tun). Aber wenn sie glaubt, sie hätte ihn, dann hast du sie in der Tasche. Und genau das streben wir an.

2 SEI NICHT UNARTIG, ODER DU WIRST BESTRAFT WERDEN

Sprich mir nach: Sei nicht unartig, oder du wirst bestraft werden. Woher ich das weiß? Weil eine der ersten Regeln, die deine Mutter von Nick gelernt hat, lautet: »Gute Gesetze sind das Ergebnis eines tüchtigen Wehrwesens.«

Was bedeutet das?

Das bedeutet, dass sie bereit ist, ihre Regeln mit ihren Waffen oder Möglichkeiten umzusetzen.

Traurig, aber wahr, mein Freund. Und wenn du diese Regel wie eine mathematische Gleichung aufschreiben würdest, dann würde das so aussehen:

DU VERHÄLST DICH UNARTIG + DEINE MUTTER WIRD SAUER = DU WIRST BESTRAFT

Und das ist für keinen lustig.

Denk also daran: Wenn du dich artig benimmst, dann wirst du nicht bestraft. Und dann sind alle so glücklich wie eine Maus in einer Käsefabrik.

Das verspreche ich dir.

3 BEFOLGE DIE REGELN, UND ALLES IST GANZ LOCKER FÜR DICH

Wenn das bis jetzt noch nicht passiert ist, so wird es bald passieren. Deine Mutter wird in dein Zimmer spazieren, lächeln und dann sagen: »Wir werden heute Abend unsere erste Familiensitzung abhalten, um ein paar neue Regeln festzulegen.«

Keine Panik.

Du kannst die Kontrolle über diese Situation behalten und sie zu deinem Vorteil kehren.

Wie? Das ist ganz einfach. Nachdem sie ihre Regeln festgelegt hat, erlaubt sie dir, auch welche aufzustellen.

Und hier kannst du aktiv werden.

Erstens: Wenn du einen Bruder oder eine Schwester hast, dann musst du Folgendes tun. Schlag Regeln vor, von denen du weißt, dass sie sie brechen werden, nicht aber du. Zum Beispiel: Deine Schwester jammert immer, oder dein Bruder bohrt in der Nase, dann hebe ruhig die Hand und sage: »Kein Gejammere mehr! Kein Nasebohren!«

Das ist der Schlüssel. Denn dann werden sie bestraft, und du kannst dich entspannt zurücklehnen und lachen.

Und wenn du keine Geschwister hast, dann mach einfach Folgendes: Stelle Regeln auf, von denen du weißt, dass deine Mutter sie brechen wird. Dann ist *sie* diejenige, die von *dir* bestraft wird!

Siehst du, ich habe doch gesagt, dass das hier lustig wird.

Doch jetzt kommt der Haken: Du musst auch ihren Regeln Folge leisten. Aber das ist ziemlich einfach, oder?

Denk also daran: Tue, worum deine Mutter dich bittet. Sei nicht unartig und befolge ihre Regeln, dann ist alles kein Problem.

Kapiert? Verstanden? Gut!

Und viel Glück!

III.

Käsemakkaroni à la Machiavelli (nach Art von Thomas Jefferson)

Wir Amerikaner wissen alle, dass Thomas Jefferson einer unserer berühmtesten Gründerväter ist. Und obwohl ich nicht weiß, was Machiavelli von ihm gehalten hätte, so habe ich doch die Vermutung, dass er ziemlich beeindruckt von Jefferson und seinen vielen *virtùs* gewesen wäre, die ihm dabei halfen, als Führer so Beeindruckendes auf unterschiedlichen Gebieten zu bewerkstelligen.

Als Gelehrter, Autor, Wissenschaftler und Politiker ging Jefferson den verschiedensten Tätigkeiten nach. Mit 25 wurde er ins Bürgerhaus von Virginia gewählt, diente im Kontinentalkongress, war Gouverneur von Virginia und ein Diplomat in Frankreich, wo er half, die Verträge auszuhandeln, die den Unabhängigkeitskrieg beendeten.

Er gründete auch die Universität von Virginia, sprach fließend sechs Sprachen – einschließlich Latein, Französisch, Spanisch, Italienisch und Griechisch – und schrieb im Alter von 33 die Unabhängigkeitserklärung! Unter George Washington war er dann Außenminister, unter John Adams Vizepräsident, und mit seinem guten Freund James Madison verfasste er die *Kentucky-* und *Virginia-Resolution,* um die Rechte der Bundesstaaten und die Redefreiheit zu verteidigen.

Während seiner Präsidentschaft leistete Jefferson noch viele weitere wichtige Dinge: Er widerrief die *Alien and Seditions Acts* (das Ausländer- und Aufruhrgesetz), schaffte die unbeliebte Whiskeysteuer ab und schickte die US-Kriegsflotte in den Kampf gegen die Korsaren, die amerikanische Schiffe auf dem Mittelmeer angriffen. Außerdem verdoppelte er die Größe des Landes, indem er 1803 ganz Louisiana von Napoleon erstand und dann Lewis und Clark losschickte, um das westliche Gebiet zu erkunden, das den meisten Weißen zum damaligen Zeitpunkt völlig unbekannt war. Kein Wunder also, dass Präsident Kennedy bei einem Abendessen zur Verleihung des Nobelpreises 1962 scherzte: »So viele brillante Geister waren noch nie im Weißen Haus versammelt, abgesehen vielleicht von der Ausnahme, als Thomas Jefferson allein hier zu Tisch saß.«

Was aß Jefferson eigentlich, wenn er allein dinierte?

Also, es ist bekannt, dass er der französischen Küche zugetan war, doch er liebte auch frisches Gemüse wie Erbsen, Tomaten und Kohl. Er mochte außerdem selbst gemachte Makkaroni mit Käse – und da er als erfolgreicher Führer so vieles erreicht hat, sollten wir sie vielleicht selbst gemachte »machiavellische Käsemakkaroni« nennen!

Wie auch immer, angeblich hat Jefferson Käsemakkaroni zum ersten Mal 1802 im Weißen Haus serviert. Natürlich hatte das Gericht nichts mit den abgepackten Gerichten gemein, wie wir sie heutzutage kennen. Jeffersons Koch verwendete aus Italien importierte Pasta und Parmesan, kochte die Makkaroni, bis sie weich waren, bestrich sie dann mit Butter und gab den Käse hinzu. Vermutlich wurde diese Mischung von noch mehr Butter gekrönt und dann gebacken, bis sie goldbraun war und sich eine knusprige Kruste gebildet hatte.

Käsemakkaroni à la Machiavelli

Zutaten:
450 Gramm Ellbogen-Makkaroni (oder Hörnchennudeln)
3 Tassen Milch
2 Teelöffel Mehl
1/2 Teelöffel Salz
2 Tassen frisch geriebener Parmesan (im Päckchen)
2 Tassen geriebener Mozzarella (im Päckchen)
2 Tassen geriebener Romano- oder Gruyèrekäse (im Päckchen)
2 Esslöffel Butter
Salz und Pfeffer nach Belieben

Für 6 bis 8 Personen

Zubereitung:
Heizen Sie den Backofen auf 220 Grad vor. Streichen Sie eine Auflaufform mit Butter aus. Kochen Sie die Nudeln 6 bis 8 Minuten in einem großen Topf mit kochendem Wasser, bis sie weich sind. Gießen Sie das Wasser ab, aber spülen Sie die Nudeln nicht ab.
Schlagen Sie in einer Schüssel Milch, Mehl und Salz, bis die Masse gut durchmischt ist. Geben Sie 1 1/2 Tassen geriebenen Mozzarella und 1 1/2 Tassen geriebenen Romanokäse hinzu. Fügen Sie die Nudeln und die Butter hinzu. Schwenken Sie die Mischung. Dann geben Sie die Nudelmischung in die Auflaufform. Streuen Sie den verbliebenen Parmesan, Mozzarella und Romanokäse darauf. Backen Sie den Auflauf 12 bis 14 Mi-

nuten, bis er sich oben braun verfärbt. Vor dem Servieren 5 bis 10 Minuten stehen lassen. Mit Salz und Pfeffer abschmecken und genießen!

Danksagung

Das Glück hat sich ganz entschieden in meine Richtung gedreht, als ich Joy Tutela von der David Black Literary Agency über den Weg gelaufen bin. Seitdem ist sie eine begeisterte Fürsprecherin für dieses Buch und hat jeden Abschnitt seines Entstehens zu etwas Erfreulichem, Lohnendem und Spaßigem gemacht. Also »grazie!«, liebe Freundin. Es war und ist ein Vergnügen, mit dir zu arbeiten.

Ein herzliches Dankeschön geht an meine unglaublich begabte und unermüdliche Lektorin bei Simon & Schuster/ Touchstone, Michelle Howry, die dieses Buch mit ihrer Vision von Beginn an geformt und deren Mitwirken dabei geholfen hat, es zu dem zu machen, was es jetzt ist. Ebenso danke ich dem restlichen Team bei Touchstone: Stacy Creamer, David Falk, Marcia Burch, Jessica Roth, Sally Kim, Lisa Healy und Kiele Raymond. Ein ganz besonderer Dank geht auch an Cherlynne Li für das lustige Cover. Ich liebe diese Stiefel!

An der UC Berkely: Hier geht mein Dank an David Hollinger und Margaret Lavinia Anderson, von denen ich zu einem

Zeitpunkt Geduld und Unterstützung erfahren habe, als ich sie am meisten brauchte.

Und dann im privaten Umfeld: Ein besonderer Dank geht an meine Eltern, die all meine Kinderstreiche ausgehalten und mir beigebracht haben, dass ein Kind immer davon profitiert, streng, aber gerecht gemaßregelt zu werden, auch wenn ich als Kind sicher nicht zugestimmt hätte. Großer Dank gilt auch meinem Mann, Eric Woods, der mich immer zum Lachen bringt und mir auf unserer gemeinsamen Reise durch das Elternsein stets zur Seite gestanden hat. Mein innigster und herzlichster Dank geht natürlich an meine süßen, wunderbaren, lustigen, liebevollen, freundlichen und (zumeist) braven Kinder. Ihr bringt mich zwar manchmal an den Rand des Wahnsinns, aber *nichts* macht mich glücklicher oder stolzer, als eure Mom zu sein!

Und schlussendlich: Ein dankbares Lächeln und ein anerkennendes Nicken an Machiavelli, der mir geholfen hat, mein Reich zurückzuerobern, und ohne den dieses Buch gar nicht erst möglich gewesen wäre.

Un sentito ringraziamento a tutti!

Auswahlbibliografie

In den letzten Jahren sind einige ausgezeichnete Biografien über Machiavelli erschienen, zu den besten gehören Miles J. Ungers fesselndes und zugängliches Werk *Machiavelli: A Biography* (New York: Simon & Schuster, 2011), Maurizio Virolis *Das Lächeln des Niccolò* (Zürich, Pendo Verlag, 2000), Quentin Skinners *Niccolò Machiavelli zur Einführung* (Hamburg: Junius Verlag, 2001), Ross Kings *Machiavelli: Philosoph der Macht* (München: Pantheon, 2013) und Sebastian de Grazias Pulitzer-Preis gekröntes Buch *Machiavelli in Hell* (Princeton, NJ: Princeton University Press, 1989).

Über Machiavellis politisches Denken gibt es eine breite, sich stetig erweiternde Literatur, wobei die einflussreichsten Werke die folgenden sind: J. G. A. Pococks Klassiker *The Machiavellian Moment: Florentine Political Thought and the Atlantic Republican Tradition* (Princeton, NJ: Princeton University Press, 1975); J. G. A. Pocock, »The Machiavellian Moment Revisited: A Study in History and Ideology«, *Journal of Modern History* 53, Nr. 1 (March 1981): 49–72; John M. Najemy (Hrsg.), *The Cambridge Companion to Machiavelli* (Cambridge: Cambridge University Press, 2010); Gisela Bock, Quentin Skinner und Maurizio Viroli (Hrsg.), *Machiavelli and Republicanism* (Cambridge: Cambridge University Press, 1990) und Paul A. Rahe (Hrsg.), *Machiavelli's Liberal Republican Legacy* (Cambridge: Cambridge University Press, 2006).

Für eine unbeschwertere Herangehensweise, wie Machiavellis Rat heutzutage angewendet werden kann, können Sie Stanley Bings heiteres *Was hätte Machiavelli getan? Bosheiten für Manager* (Econ, 2002) lesen sowie *Strategy Power Plays: Winning Business Ideas from the World's Greatest Strategic Minds* (Oxford: Infinite Ideas, 2009) von Karen McCreadie, Tim Phillips und Steve Shipside. Weitere wertvolle Quellen beinhalten:

Atkinson, James B.: »Niccoló Machiavelli: A Portrait.« In: *The Cambridge Companion to Machiavelli*, hrsg. v. John M. Najemy. Cambridge: Cambridge University Press, 2010.

Barthas, Jérémie: »Machiavelli in Political Thought from the Age of Revolutions to the Present.« In: *The Cambridge Companion to Machiavelli*, hrsg. v. John M. Najemy. Cambridge: Cambridge University Press, 2010.

Berlin, Isaiah: »The Question of Machiavelli.« *New York Review of Books*, 4. November 1971.

Black, Robert: »Machiavelli, Servant of the Florentine Republic.« In: *Machiavelli and Republicanism*, hrsg. v. Gisela Bock, Quentin Skinner und Maurizio Viroli. Cambridge: Cambridge University Press, 1990.

The Comedy and Tragedy of Machiavelli: Essays on the Literary Works. Hrsg. v. Vickie B. Sullivan. New Haven, CT: Yale University Press, 2000.

Deitz, Mary: »Trapping the Prince: Machiavelli and the Politics of Deception.« *American Political Science Review* 80, Nr. 3 (September 1986): 777–91.

Fischer, Markus: »Machiavelli's Political Psychology.« *Review of Politics* 59, Nr. 4 (Herbst 1997): 789–829.

Gilbert, Felix: »Machiavelli: The Renaissance of the Art of War.« In: *Makers of Modern Strategy*, hrsg. v. Edward Mead Earle. Princeton, NJ: Princeton University Press, 1944.

Guarini, Elena: »Machiavelli and the Crisis of the Italian Republics.« In: *Machiavelli and Republicanism*, hrsg. v. Gisela Bock, Quentin Skinner und Maurizio Viroli. Cambridge: Cambridge University Press, 1990.

Macaulay, Thomas: »Machiavelli, English Essays: Sidney to Macaulay«, *The Harvard Classics*, 1909–1914.

Machiavelli, Niccolò: *Machiavelli and His Friends: Their Personal Correspondence.* Hrsg. v. James B. Atkinson und David Sices. Dekalb: Northern Illinois University, 1996.

Mansfield, Harvey: »Machiavelli and the Idea of Progress.« In: *History and the Idea of Progress*, hrsg. v. Arthur M. Melzer, Jerry Weinberger und M. Richard Zinman. Ithaca, NY: Cornell University Press, 1995.

Mansfield, Harvey: »Machiavelli's Political Science.« *American Political Science Review* 75, Nr. 2 (June 1981): 293–305.

Mansfield, Harvey: *Machiavelli's Virtue.* Chicago: University of Chicago Press, 1996.

Mansfield, Harvey: *Taming the Prince.* Baltimore: Johns Hopkins University Press, 1993.

Masters, Roger D.: *Fortune Is a River: Leonardo Da Vinci and Niccolò Machiavelli's Magnificent Dream to Change the Course of Florentine History.* New York: Free Press, 1998.

Masters, Roger D.: *Machiavelli, Leonardo and the Science of Power.* Notre Dame, IN: University of Notre Dame Press, 1996.

Mattingly, Garrett: »Machiavelli's Prince: Political Science or Political Satire?« *American Scholar* 27, Nr. 4 (Autumn 1958): 482–91.

Najemy, John M.: »Baron's Machiavelli and Renaissance Republicanism.« *American Historical Review* 101, Nr. 1 (February 1996): 119–29.

Najemy, John M.: *Between Friends: Discourses of Power and Desire in the Machiavelli-Vettori Letters of 1513–1515.* Princeton, NJ: Princeton University Press, 1993.

Nederman, Cary: »Niccolò Machiavelli.« In: *The Stanford Encyclopedia of Philosophy* (Fall 2009), hrsg. v. Edward N. Zalta, http: plato.stanford.edu/archives/fall2009/entries/machiavelli.

Niccolò Machiavelli: History, Power, and Virtue. Hrsg. v. Leonidas Donskis. Amsterdam: Rodope, 2011.

Parel, A. J.: »The Question of Machiavelli's Modernity.« *Review of Politics* 53, Nr. 2 (Spring 1991): 320–39.

Pierpont, Claudia Roth: »The Man Who Taught Rulers How to Rule.« *New Yorker,* September 15, 2008.

Pitkin, Hanna: *Fortune Is a Woman.* Berkeley: University of California Press, 1984.

Ridolfi, Roberto: *The Life of Niccolò Machiavelli.* Trans. Cecil Grayson. Chicago: University of Chicago Press, 1963.

Skinner, Quentin: »The Foundation of Modern Political Thought.« Volume 1, *The Renaissance.* Cambridge: Cambridge University Press, 1978.

Skinner, Quentin: *Niccolò Machiavelli zur Einführung.* Hamburg, Junius Verlag, 2001.

Soll, Jacob: *Publishing »The Prince«: History, Reading, and the Birth of Political Criticism.* Ann Arbor: University of Michigan Press, 2005.

Strauss, Leo: »Niccolò Machiavelli.« In: *History of Political Philosophy,* 3. Ausgabe, hrsg. v. Leo Strauss and Joseph Cropsey. Chicago: University of Chicago Press, 1987.

Strauss, Leo: *Thoughts on Machiavelli.* Glencoe, IL: The Free Press, 1958.

Wood, Neal: »Introduction.« In: *Niccolò Machiavelli, The Art of War*, eine überarbeitete Ausgabe der Übersetzung von Ellis Farneworthe. New York: Da Capo Press, 2001.

Quellenverzeichnis und Auswahlbibliografie der deutschen Übersetzung

Die Originalzitate Machiavellis sind folgenden Quellen entnommen:

Die Briefe des Florentinischen Kanzlers und Geschichtsschreibers Niccolo di Bernardo dei Machiavelli an seine Freunde, aus dem Italienischen von Dr. Heinrich Leo, Berlin 1826

Niccolò Machiavelli: *Der Fürst,* aus dem Italienischen von A.W. Rehberg, Hamburg 2011

Niccolò Machiavelli: *Der Fürst,* übersetzt und herausgegeben von Philipp Rippel, Stuttgart 2007

Niccolò Machiavelli: *Discorsi – Gedanken über Politik und Staatsführung,* aus dem Italienischen von Rudolf Zorn, Stuttgart 2007

Niccolò Machiavelli: *Sämtliche Werke,* aus dem Italienischen von Johann Ziegler, Karlsruhe 1841

Weiterführende Literatur:

Friedrich Nietzsche: *Jenseits von Gut und Böse. Vorspiel einer Philosophie der Zukunft,* München 1999

Francesco Petrarca: *Das lyrische Werk,* aus dem Italienischen von Karl Förster und Hans Grote, Düsseldorf 2002

Jean-Jacques Rousseau: *Der Gesellschaftsvertrag oder Prinzipien des Staatsrechts,* aus dem Französischen von Ulrich Bossier, Wiesbaden 2008

Quentin Skinner: *Machiavelli zur Einführung,* Hamburg 1988

Dr. B. Spock: *Säuglings- und Kinderpflege Band I,* Frankfurt/M.-Berlin 1967

Maurizio Viroli: *Das Lächeln des Niccolò,* Reinbek 2001

Émile Zola: *Brief an den Präsidenten der französischen Republik und Brief an den Kriegsminister Billot,* Straßburg 1898

Denn Sie wissen nicht, was sie uns antun!

Hier reinlesen!

Cathrin Kahlweit / George Deffner

Pubertäter

Wenn Kinder schwierig und Eltern unerträglich werden

Piper Taschenbuch, 224 Seiten
€ 8,99 [D], € 9,30 [A], sFr 13,90*
ISBN 978-3-492-27230-8

Eine Familie, zwei Erwachsene, drei Kinder: die Eltern berufstätig, die Kinder auf dem Gymnasium und die Katze wohlauf. Jedoch, die Idylle trügt. Denn die Pubertät hat Einzug gehalten und versetzt eine Familie in den Ausnahmezustand. Es werden schwere Geschütze aufgefahren: verbale Entladungen, manipulierte Freunde und unerlaubtes Entfernen aus der Kampfzone. Dieses Buch ist Anleitung zum Guerillakampf und Liebeserklärung an den Familienwahnsinn zugleich, hintersinnig und hinreißend komisch.

PIPER